요괴는 죽지 않는다
· 현대판 요괴백과 ·

[일러두기]

본 도서의 콘텐츠는 과거의 고전문학, 민담, 설화 및 구전, 그리고 현대의 실화 및 사건, 수집된 팩트 등을 바탕으로 재구성하였습니다. 독자 여러분들께서는 이 책을 현실과 상상의 경계, 그 어딘가에서 즐겨주시기를 바랍니다.

요괴는 죽지 않는다

현대판 요괴백과

오컬트 시스터즈

오컬트시스터즈

목차

프롤로그　06

1장　얼굴 없는 공포

영을 빨아먹는 자, 새우니　11
얼굴이 없다고? 달걀 귀신　19
무시무시한 잔인함, 두억시니　25
전염병을 퍼뜨리는, 역귀　35
혼례를 치르지 못한 여자의 혼, 처녀귀신　43

2장　억울하게 죽은 자들의 귀환

신부 없는 신랑, 총각귀신　51
억울한 피는 물보다 진하다, 장화홍련　56
몸이 조각난 귀신, 신기원요　61
매서운 가을바람, 손돌　67
꿈속을 헤매는 붉은 귀신, 적염귀　73

3장　밤의 틈으로 스며든 괴이

하늘과 땅을 가르는 입, 거구귀　79
가장 어두운 밤, 가장 선명한 불, 도깨비불　87
어둠이 시작될 때 나타난다, 어둑시니　95

신발만 노리는, 야광귀   101

제주도 바람 따라 떠도는 혼령, 그슨새   109

4장   사람과 요괴의 경계선

마을 어귀의 감시자, 장승도깨비   117

개도 여우도 아닌, 개여시   123

남편이 뱀이라면? 구렁덩덩신선비   129

말 안 들으면 잡아간다! 망태기 할아버지   135

수상한 가사 노동자, 우렁각시   143

산을 울리는 괴수 형제, 우와을   149

5장   전설이 만든 얼굴들

사람이 싫어! 대나무숲의 주인, 홍난삼녀   155

고양이 얼굴을 한 뱀, 묘두사   161

하늘과 인간 사이 얼굴을 가진 날개, 인면조   167

구슬을 삼킨 자, 구미호   173

천 년의 기다림, 이무기   179

목소리를 흉내 내는 자, 장산범   185

사라졌지만, 살아 있는 존재들에 대하여   190

에필로그   191

프롤로그

당신은 요괴의 존재를 믿는가? 악귀나 요괴, 귀신들은 공포 영화나 드라마에서 단골 소재로 등장하곤 한다. 과학을 신봉하는 사람들은 이들의 존재를 망상이나 착각, 혹은 상상력의 산물이라 말한다. 하지만 이 넓은 우주에는 아직 우리가 알지 못하는 것들, 아직 한 번도 마주하지 못한 세계가 분명 존재한다.

당신이 현대 과학에 대해 절대적인 믿음을 가지고 있다고 해도, 아직 현대 과학이 풀지 못한 비밀들이 여전히 존재한다는 사실을 부정할 수는 없을 것이다. 양자역학이 처음 등장했을 때 기존의 과학계가 충격에 빠졌던 것처럼, 언젠가는 귀신과 요괴의 존재를 증명해 줄 새로운 과학 이론이 등장할 것이다.

어쩌면 당신은 다음과 같은 경험이 있을지도 모른다. 인적 끊긴 어두운 골목. 집으로 향하는 길. 반드시 그곳을 지나가야만 한다. 가로등 불빛이 닿지 않는 어둠 속에 마치 누군가가 서 있는 것 같은 기분. 우두커니 선 채, 당신을 가만히 바라보는 그 기척. 이윽고 어둠은 점점 몸집을 불리고, 당신을 집어삼켜 버릴 듯 몰려온다. 두려움에 걸음을 멈추고, 눈을 꼭 감는 당신. 그 순간, 주변은 이상할 만큼 조용하다. 겨우 안정을 되찾고 다시 걸음을 옮기지만, 뭔가 이상하다. 분명 익숙한 길인데, 아무리 걸어도 집이 보이지 않는다. 세상의 시간은 멈춘 듯, 당신은 끝 모를 어둠 속을 헤매기 시작한다.

그저 겁먹은 마음이 만들어 낸 착시로 넘길 수도 있다. 하지만 가끔은, 그 두려움 속에 무언가 실제로 있었던 건 아닐까. 그 신비로운 힘의 주인은 당신이 믿는 종교에서 말하는 '귀신'일 수도 있고, 사료 속에 나오는 '요괴'일 수도 있다. 보이지 않는 세계, 귀신과 영혼에 관한 이야기는 인류가 생겨난 이래 지금까지 한순간도 끊긴 적이 없다. 그 실체를 두고 수 많은 해석과 논란이 이어졌고, 지금도 여전히 귀신과 요괴의 존재를 '믿는 자'와 '믿지 않는 자' 사이엔 작은 간극이 남아 있다. 하지만 혹시 당신이 요괴와 귀신의 존재를 믿지 않는 사람이더라도, 이 책에 담긴 이야기들을 다 읽고 나면 세상 너머 존재들에 대한, 아주 작은 믿음 하나쯤은 갖게 될지도 모른다. 믿지 않아도 괜찮다. 다만 이 페이지를 덮기 전까지는, 조금쯤 의심해 보는 것이 어떨까?

이 책은 우리가 발 딛고 사는 세상 그 너머를 보여줄 것이다. 원한과 미움으로 똘똘 뭉친 악귀, 억울한 죽음 탓에 저승으로 가지 못하고 이승을 떠돌며 사람들을 괴롭히는 원귀, 인간도 아니고 신도 아닌, 신과 인간 사이 초자연적인 능력을 지닌 도깨비, 사람의 모습을 하고 있지만 언제든 본모습으로 변신해 버리는 변신 요괴, 동물이지만 기괴한 모습을 한 동물 요괴까지… 이들은 먼 곳의 이야기가 아니다. 지금도 우리 곁, 우리 틈에서 함께 살아가고 있는 다양한 존재일지 모른다.

『현대판 요괴 백과』는 잊혀질 뻔했던 그들의 이야기를 다시 정리해 보고자 하는 시도이다. 하나하나의 기록 속에 남겨진 흔적들, 전해 내려오는 말들, 그리고 아주 작은 기척과 기억까지.

책을 읽으며 혹시 비슷한 경험이 떠오른다거나, 설명할 수 없는 기시감을 느끼게 된다면 당신 역시 어딘가에서 영적인 존재를 스쳐 지나간 적이 있을지도 모르겠다. 아니, 어쩌면 그 경험이 당신을 이 책으로 이끌었을지도 모를 일이다. 그렇다면 지금부터, 현대에서 요괴들이 어떻게 살아왔으며 진화해 왔는지, 그 여정의 시작을 함께해 주시길.

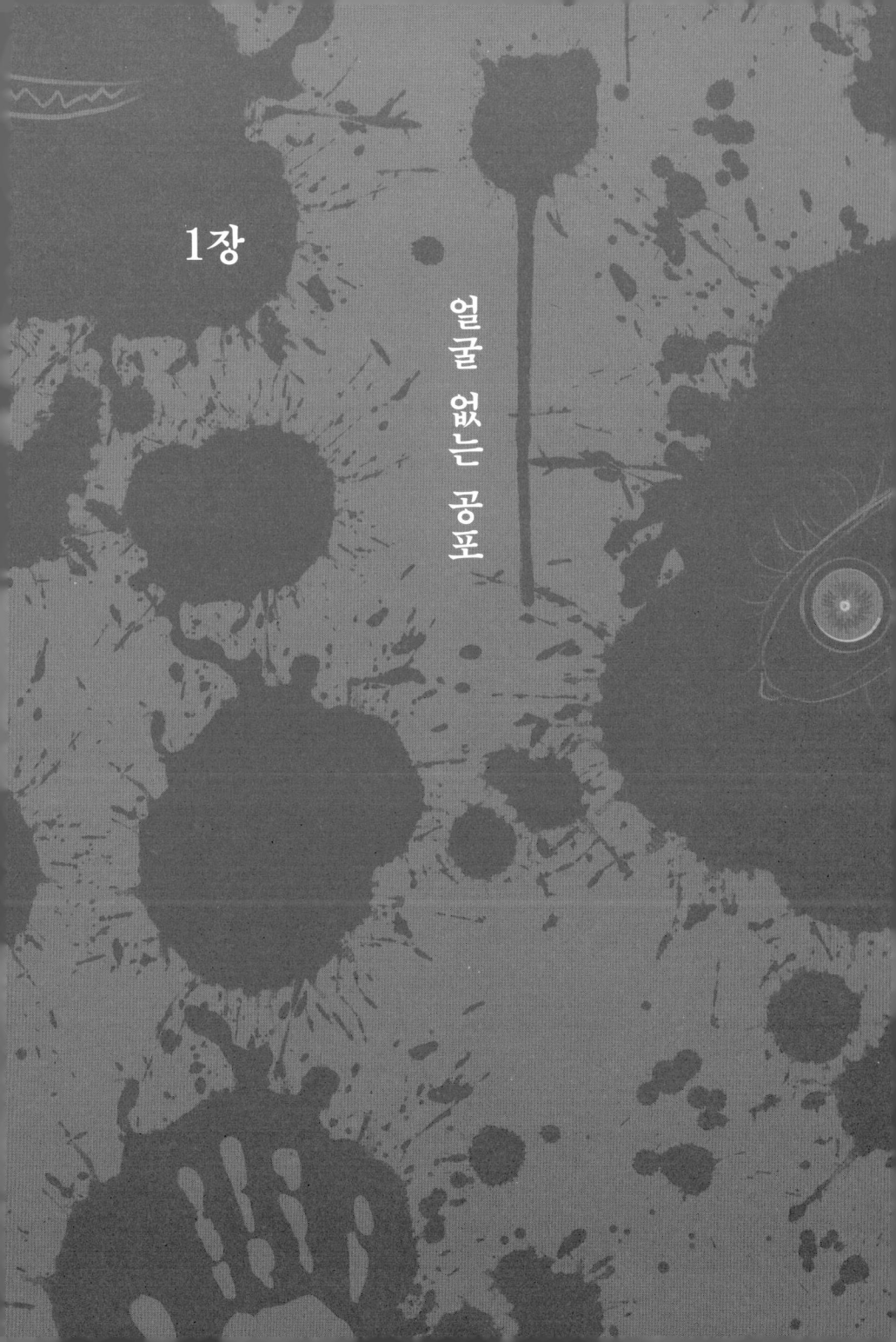

1장

얼굴 없는 공포

영을 빨아먹는 자, 새우니

"향이 흐르지 않는 날엔, 점집 안을 먼저 의심하라."

새우니는 언제나 마치 바람처럼, 문틈 사이를 비집고 들어와 아무 흔적도 남기지 않는다. 오래된 점집 앞에는 사람들로 긴 줄이 생겨나기 시작한다. 요즘 들어 "거기 진짜 용하다"는 말이 동네를 타고 빠르게 퍼진다. 사람들은 제각기 해결되지 않는 문제 하나씩을 품은 채 문턱을 넘는다. 그날도 마찬가지다. 향은 피워져 있는데도 어딘가 냄새가 이상하다. 불길하게 맹맹하고, 연기는 제자리를 맴돌 뿐 흘러나오지 않는다. 무당은 무언가 속삭이고 있지만 말은 흐리고, 눈빛은 허공을 더듬는다. 신의 말씀이 잘 들리지 않는다나 뭐라나. 처음엔 모두가 피곤해서 그런 줄 알았다. 그런데 이상하게도, 날이 갈수록 점괘는 자주 틀리기 시작했으며, 신의 말이라기엔 어딘가 석연치 않은 점들이 눈에 띄기 시작한 것이다. 무당의 얼굴에서는 점점 생기가 사라지는 모습이 보였고, 찾아오는 손님들도 하나둘 끊기기 시작한다. 어느새 점집 안은 텅 비어 있었고, 그 자리를 대신한 건 싸늘하게 가라앉은 공기뿐이었다.

"향 냄새가 안 흘러. 그러면 무당신이 떠난 거야. 무당 곁에 새우니가 들어앉은 거지. 쯧."

사람들의 소문은 점점 퍼져나갔으며, 무당은 끝내 자취를 감추고 만다.

이처럼 새우니는 무당들 사이에서 가장 두려운 존재이자, 경계 대상 1순위이다. 그는 무당의 생명력과 영적 능력을 슬며시 흡수하며 이승에서의 삶을 연명한다. 새우니는 바람과 비, 때로는 거센 폭풍까지 몰고 다니는 요괴로 전해진다. 조선시대 〈동국여지승람〉이나 〈세종실록지리지〉 같은 고문헌에서도 마을 근처에 새우니가 스며든 곳엔 늘 장마와 벼락, 그리고 풍수해가 이어졌다는 기록이 남아 있다. 예전의 새우니는 바람과 비를 몰고 다니는 자연의 요괴였다면, 어느 순간부터 사람의 혼을 갉아먹고 기운을 빨아들이는 존재로 변해가고 있다. 기후를 뒤흔들던 괴물이, 이제는 인간의 마음 깊숙이 파고드는 귀신이 되어버린 것이다.

특히 신내림을 받은 무당, 향이 피어오르는 당집, 신의 기운이 흐르는 그 공간에 슬며시 스며든다. 신조차 눈치채지 못할 만큼. 그래서 처음엔 무당도 새우니의 존재를 알아차리지 못한다고 한다. 그저 몸이 무겁고, 꿈이 어지럽고, 점이 이상하게 어긋난다고만 느낀다. 하지만 그것은 모두 새우니가 바로 옆에 앉아서 영을 빨아들이고 있다는 신호다.

무당이 부리는 사령이 너무 강해져 통제 불능 상태가 될 때, 그 기운이 새우니로 바뀐다는 말도 있다. 또 다른 전승에 따르면, 새우니는 억울하게 죽은 원혼이 오랜 세월 한을 품고 강해진 모습이라고 한다.

부당한 죽음, 풀지 못한 분노가 쌓이고 쌓여, 어느 순간 영적 존재로 진화해 무당에게 올라타게 되는 것이다. 그 힘은 결국 신의 목소리를 가리고, 점괘를 흐리게 만들며, 무당의 혼마저 순식간에 잠식해 간다.

사람들 사이에 오래전부터 떠도는 이야기가 있다. 한 어린아이가 정체 모를 병에 시달리다 억울하게 목숨을 잃었다는 내용이다. 이유도 모른 채 세상을 떠난 아이가 불쌍했던 걸까. 마을 사람들은 마을 어귀에 작은 무덤을 하나 만들었고, 그 앞에 모여 이렇게 중얼거렸다.
"편히 쉬어라, 아가"
하지만 아이는 끝내 눈을 감지 못한 채, 왜 자신이 그런 죽음을 맞아야 했는지 되뇌며 이승을 떠돌았다. 그 미련과 억울함은 점점 응어리처럼 쌓여, 마침내 사람들은 그 아이의 혼을 '새타니'라 부르게 되었다.

그래서일까. 시간이 흐른 뒤부터 마을엔 이상한 일들이 하나둘 생겨나기 시작하는 것이었다. 밤이면 개 짖는 소리에 섞여 흐느끼는 울음이 들리고, 장독대가 이유 없이 흔들리고, 어둠 속 공기를 스치는 의문의 그림자가 어른거린다. 그로부터 며칠 뒤, 기이한 기운을 감지한 한 무당이 마을을 찾았다. 그는 죽은 아이의 혼을 달래기만 하면, 언젠가 저승으로 떠날 것이라 믿었다. 하지만 아이는 이미 오래전에 사람에게 등을 돌린 뒤였다. 처음엔 무당의 뒤를 조용히 따르던 혼은, 시간이 지날수록 말없이 무당의 기운을 빨아들이기 시작했고, 무당의 눈빛은 나날이 흐려졌으며, 결국 잠에서 깨어나지 못하게 되었다. 그때, 아이가 처음으로 웃었다. 무당의 힘을 흡수한 그 혼은 더 이상 떠도는 새타니가 아니었다. 사람의 기운을 빨아들이며 성장한 아이의 혼은, 결국 이승에 머무는 낯선 존재로 변모했다. 그렇게 탄생한 것이 바로 '새우니'다.

　새우니는 주로 무당을 노리지만, 가끔은 점을 보러 온 손님에게도 손을 뻗는다. 어떤 이는 점을 본 날부터 며칠간 이유 없이 기운이 빠졌다고 말하고, 어떤 이는 꿈속에서 본 무당의 얼굴이 낯설게 변했다고 한다. 기운이 약하거나, 마음이 허한 사람이라면 누구든 새우니에게 좋은 먹잇감이 될 수 있다.

　새우니는 뚜렷한 형체가 없다. 대신 그 존재는 기운으로 감지된다. 향이 흐르지 않거나, 꿈이 뒤틀리거나, 무당이 신의 목소리를 들을 수 없게 될 때. 그때가 바로, 새우니가 옆에 앉았다는 신호다. 그러니 혹시라도 그 기운이 당신까지 번졌다고 느껴진다면, 그럴 땐 머리카락을 단 세 가닥만 뽑아보자. 더도 말고, 덜도 말고, 딱 세 가닥. 머리카락이 뽑히는 순간, 새우니는 갑작스레 기력을 잃고 쓰러질 것이다. 당신의 기운을 빨아먹던 그 괴물은, 더 이상 머물 곳을 잃고 이승에서 쫓겨난다.

　혹시 당신도… 세 가닥을 뽑지 않았는가? 새우니는 사라졌을지 모르지만, 당신에게서 흡수한 기운은 완전히 돌아오지 않았을 수도 있다. 그 빠져나간 자리엔, 아주 천천히 다른 무언가가 자라고 있을지도 모르니까.

　그러니 명심하라. 점을 본다는 건 결코 가벼운 일이 아니다. 당신이 마주한 무당이 신의 뜻을 전하는 자인지, 아니면 새우니가 그 자리를 대신 차지한 것인지, 누구도 단번에 구별할 수 없으니 말이다.

　새우니를 단순한 공포로만 보는 건 반쪽짜리 해석에 불과하다. 그는 한국인의 정서 속에서 외로움과 원한, 정의와 화해의 감정을 함께 짊어진 채 태어난 존재다. 지금도 새우니는 존재한다고 믿는 이들이 있다. 특히, 무속인들은 새우니가 현재의 귀신 중 제일 강한 귀신에 속한다고 전한다. 아무것도 모른 채, 지인의 추천만 믿고 점집을 찾아간다면 조심하도록. 또 한 가지는 서울 인왕산 어귀에선, 산신령의 지기를 눌러놓고 그 자리를 차지하고 있다는 이야기도 돈다. 새우니는 여전히 바람처럼 움직이고, 기운이 흐르는 곳을 조용히 노리고 있다.

새우니에게 잠식당한 점집의 징조

① 무당의 눈에 초점이 없다
② 향냄새가 유난히 약하거나, 아예 나지 않는다
③ 점괘가 지나치게 일반적이다
④ 예전보다 점쟁이의 외모나 말투가 지나치게 달라졌다

이런 변화가 눈에 띈다면, 그 점집에는 무당이 아닌 다른 존재가 앉아 있을지도 모르니 반드시 주의하도록.

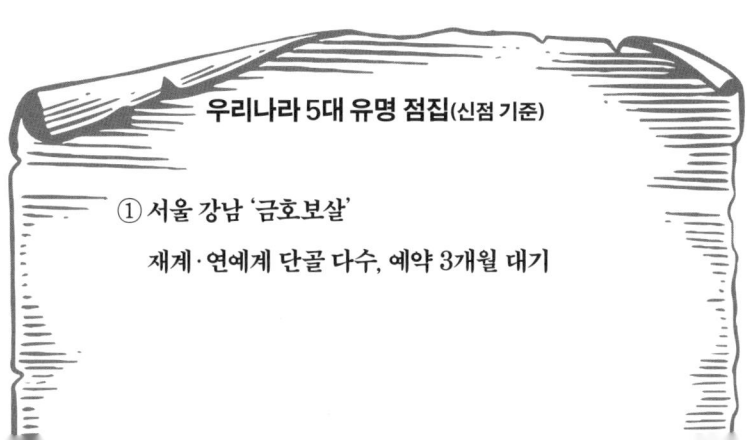

우리나라 5대 유명 점집(신점 기준)

① 서울 강남 '금호보살'
재계·연예계 단골 다수, 예약 3개월 대기

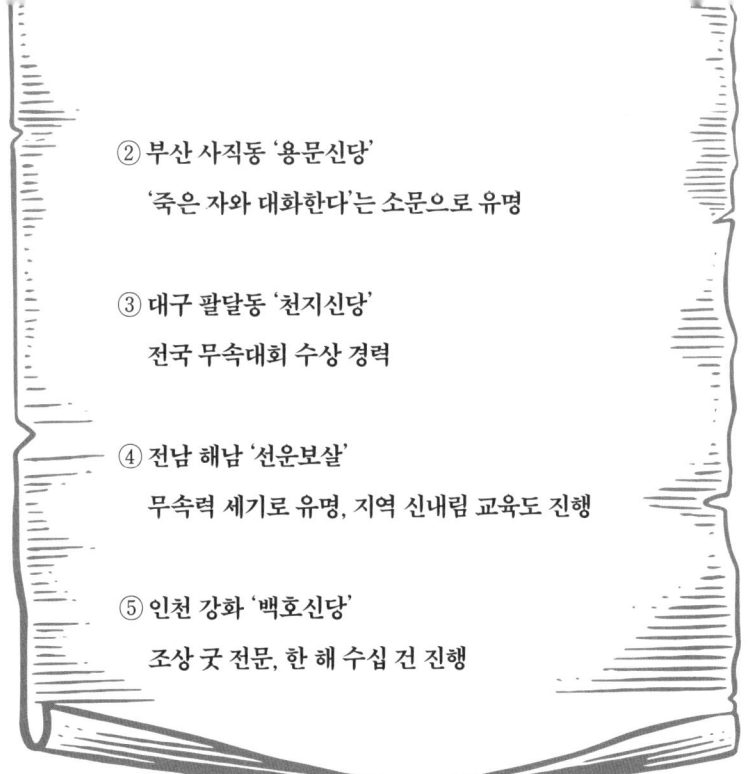

② 부산 사직동 '용문신당'
  '죽은 자와 대화한다'는 소문으로 유명

③ 대구 팔달동 '천지신당'
  전국 무속대회 수상 경력

④ 전남 해남 '선운보살'
  무속력 세기로 유명, 지역 신내림 교육도 진행

⑤ 인천 강화 '백호신당'
  조상 굿 전문, 한 해 수십 건 진행

점을 보러 간 건데, 점이 널 보고 있었다면 그냥 돌아서서 그대로 나오길. 꼭.

얼굴이 없다고? 달걀 귀신

달빛마저 숨은 밤, 회기동 골목길을 걷고 있다. 가로등도 없는 거리. 바람도 멈추고, 공기마저 낮은 음정의 말을 걸어온다. 수풀에서 날아오른 새 한 마리, 낙엽을 흐트러트리며 튀어나온다. 놀란 심장을 부여잡는다. 숨을 가다듬고 다시 걸음을 옮기려는 찰나, 무엇일까? 분명 빈 공간이었는데, 누군가가 나타난다. 조용한 걸음걸이. 뒷모습은 이상하게 낯이 익은데… 옷차림, 걸음걸이까지.
"혹시 아는 사람일까?"
그림자도 없이 앞서가는 존재를 따라 조심스럽게 발걸음을 재촉해본다. 코너를 돌아 담장을 따라 걷다가 왼쪽 골목으로 꺾는 순간, 달빛에 젖은 목련이 하얗게 피어 있다. 그 꽃 앞에 가만히 서 있던 여인이 아무 소리 없이 고개를 돌린다. 바람이 불자 그녀의 머리칼이 얼굴을 가린다. 머리칼 사이의 얼굴! 얼굴이 보이지 않는다. 다시 봐도 얼굴이 보이지 않는다. 눈도, 코도, 입도, 아무것도 없다. 그곳엔 그저 매끈하고 창백한 피부만이 존재한다. 허옇고 텅 빈 얼굴. 그 얼굴은 당신을 바라보고 있다. 눈이 없는데도, 분명히 보고 있는 듯한 느낌. 한 걸음 물러났지만, 가슴에 무언가 차오르기 시작한다. 당신의 호흡이 가빠진다.

얼굴이…
얼굴이 없다!
귀신을 본 것인가.
그러나,
사람들은 이제
당신에 대해
이전과는 다른 이야기를 한다.

여인의 얼굴이 사라진 게 아니라, 그 얼굴을 본 당신이 사라진 것이니깐.

중국의 무면귀(無面鬼)에서 진화한 달걀귀신은, 우리가 모르는 사이, 현대에서도 다양한 모습으로 인간 세상에 스며들어 활동하고 있다. 달걀귀신의 목격담이 줄었다고 해서 달걀귀신이 사라진 것이 아니다. '달걀귀신'이라고 불렸던 존재는 진화하여 우리와 함께 살아가고 있다. 달걀귀신이 현대에서 출몰 빈도를 줄인 것은, 시간이 흐름에 따라 인간들에게 보여지는 방식을 바꾼 것에 불과하다.

달걀귀신이 진화한 대표적인 사례는 '무표정귀'이다. 표정이 없는 무뚝뚝한 여자를 본 적이 있는가? 그녀는 무뚝뚝하다. 평생을 무뚝뚝한 표정으로 살아왔다. 잠시 표정을 짓지만 그것은 잠시에 불과하다. 실은 조상 때부터 달걀귀신의 영가가 함께 해왔기 때문이다.

달걀귀신(무표정귀)이 접신된 여자의 특징

① 표정이 무뚝뚝하다
② 이성에 대한 욕구가 없다
③ 눈빛이 이상하다 (무당과 같은 눈빛)

특히 달걀귀신은 무술일 출생자* 중에 접신되는 경우가 많다고 알려져 있다. 무술일은, 그러니깐 사극에 등장하는 '무수리'와도 발음상으로 유사하기에 무술일 출생자들이 무수리와 비견되기도 한다. 만약, 달걀귀신의 영가가 누군가에게 태아 때부터 임하게 되면 그는 가난한 집안에서 태어나는 경우가 많으며, 최소 3대는 가난을 면치 못한다고 한다. 무서운 사실은, 만약 달걀귀신의 영가가 잠식했던 사람의 얼굴에 싫증이 나면 조용히 그 몸을 빠져나오고, 몸을 빼앗겼던 사람은 다시 돌아와도 얼굴을 되찾지 못한다는 것이다. 표정 없는 얼굴, 기억나지 않는 지인들, 어딘가 이상한 대화들. 사람들은 점점 그를 알아보지 못하고, 얼굴 없이 살아가다 끝내 세상에서 사라진다. 처음엔, 자신이 누구였는지도 잊게 된다.

달걀귀신(무표정귀)이 접신되는 과정

• 만세력상으로 태어난 일이 '무술(戊戌)'일에 해당하는 경우. 육십갑자의 서른다섯째.

① 인간의 호기심을 자극한다.

잘생긴 두 남자(혹은 여자)가 성수동 거리에서 조용히 걷고 있다. 딱히 이상할 건 없지만, 왠지 따라가고 싶다는 충동이 생긴다. 만약, 무심코 뒤를 따랐다면, 당신은 이미 덫에 걸린 것이다. 두 남자는 어느새 인파 속으로 사라지고, 이후 3년 안에 당신은 연인과 이별하게 된다. 남자든 여자든 예외는 없다. 누군가를 따라간다는 건, 정체 모를 무언가에게 스스로 문을 열어주는 일이기 때문이다.

② 기억과 현실 사이, 누군가의 얼굴이 전혀 기억나지 않는다.

누군가의 눈, 코, 입의 윤곽조차 떠오르지 않는다면? 기억이 희미해졌다고 치부하기 이전에, 그가 달걀 귀신이었거나, 달걀귀신이 당신의 곁을 맴돌고 있는 것일 수 있다. 과거에는 달걀귀신을 조우하면 바로 죽음에 이르렀으나, 기독교, 천주교, 불교 등 귀신과 요괴들에게 적대적인 종교들이 확고히 자리 잡은 현대에는, 사흘에 걸쳐 서서히 혼이 이승을 떠나가거나, 중병에 걸리게 된다. 기운이 빠지고, 잠에서 자주 깨고, 거울 속 자신이 낯설어지는 등의 징조가 나타난다. 이를 막으려면 사흘 안에 영적인 조치를 취해야 한다.

③ 무표정의 전염, 감정 없는 얼굴이 늘어난다.

처음에는 사소한 변화다. 친구의 표정이 어딘가 이상하게 느껴진다. 화가 난 것도 기쁜 것도 아닌데, 모든 감정을 덮어버린 듯한 무표정. 그 무표정이 자꾸 눈에 밟힌다. 며칠 뒤, 같은 얼굴을 다른 사람에게서 본다. 동료, 애인, 부모까지. 그들의 표정이 하나같이 텅 비어 있다. 슬픔도, 기쁨도 분노도 없이. 당신은 그들 속에서 더는 감정을 나눌 수 없고, 결국 당신의 얼굴도 점차 닮아간다. 달걀귀신은 사람의 표정을 훔쳐 간다. 그리고 감정을 빼앗긴 인간은 가장 먼저 '눈빛'을 잃는다.

④ **거울 속 위화감, 당신의 얼굴이 아닌 얼굴**
달걀귀신에게 감염되면 거울이 이상해진다. 분명히 자신인데, 어딘가 낯설다. 입꼬리는 조금 더 얇고, 눈동자는 미묘하게 가라앉아 있다. 마치 무표정한 '누군가'가 당신을 흉내 내고 있는 것처럼. 시간이 흐를수록 위화감은 더 선명해진다. 사진 속 당신도, 영상 속 당신도, 모두 어딘가 어색하다. 사람들은 말한다. "요즘 왜 그렇게 멍한 얼굴이야?" 하지만 당신은 부정한다. 자신이 변한 게 아니라, 세상이 조금 이상해졌다고. 그렇게 현실과 정체성의 경계가 흐려지는 순간, 달걀귀신은 더 깊이 파고든다.

⑤ **마지막 증상, 당신을 기억하는 사람이 줄어든다.**
달걀귀신은 점점 당신을 세상에서 지워간다. 사람들이 당신을 잘 기억하지 못한다. "네가 그 자리에 있었나?" "그 말, 네가 했었나?" 대화 속에서 빠지고, 단체 사진에서 자꾸만 흐려진다. SNS 기록조차 느릿느릿 사라지기 시작한다. 자신을 증명할 수 있는 방법이 줄어들고, 당신은 점점 '존재감'이라는 무대에서 퇴장당한다. 이 단계까지 접신이 진행되면, 사람에 따라 '신경쇠약'이나 '기억상실' 진단을 받게 된다. 그러나 정신과 진단서는, 달걀귀신의 존재를 증명하지 않는다.

· ·

무시무시한 잔인함, 두억시니

요괴들 사이에도 계급이 있다는 사실을 알고 있는가? 이 요괴가 지나가면, 다른 요괴들과 귀신들이 조용히 고개를 숙인다. 90도로 허리를 꺾고 인사를 한다는 말은 과장이 아니라 전해 내려오는 이야기다. 그 눈에 잘못 띄기라도 하면, 죽음을 면치 못한다. 두억시니! 이름부터 예사롭지 않다. 외형부터 정체까지, 불길하고 거침없는 기운이 온몸을 감싼다.

어떤 요괴는 조용히 다가와 슬쩍 뒤를 밟고, 어떤 귀신은 울부짖으며 나타났다 사라진다. 하지만 두억시니는 다르다. 존재를 감춘 적이 없고, 언제나 한복판을 당당하게 걸어왔다. 오죽하면 요괴들조차 그 앞에서는 숨소리조차 삼킨다고 한다. 기운만 스쳐도 가슴이 조이고, 눈을 마주치는 순간, 머릿속 어딘가가 부서지는 듯한 감각이 퍼진다.

두억시니라는 이름은 '머리를 억누르는 신'이라는 뜻의 한자에서 유래했다. 한자로는 두억신(頭抑神), 또는 머리(頭)와 원한(憶)을 합쳐 '머리만 남은 원귀'로도 풀이된다. 실제로 옛 설화에는 이 요괴가 머리만 둥둥 떠다니며 원한을 품은 이들을 공격한다는 이야기가 전해진다.

조선 후기 야담집 〈천예록〉에도 두억시니는 등장한다. 경상도 어느 고을에서 열린 잔칫날, 사람들 틈에 낯선 더벅머리 소년 하나가 말없이 앉아 술잔을 주고받는다. 장난삼아 누군가가 그를 몽둥이로 때리자, 소년은 그 자리에서 사라졌고, 며칠 뒤, 잔치에 모였던 사람들 대부분이 머리가 깨진 채 발견됐다. 이름도 정체도 알 수 없던 그 존재는 그 이후 머리를 깨는 귀신인 두억시니라 불리게 된 것이다.

잔혹하고 흉측한 외모 역시 예로부터 전해 내려온 묘사와 크게 다르지 않다. 두억시니는 마치 불이 붙은 듯한 붉은 머리카락과 눈을 가지고 있다. 붉은 눈동자를 굴리며 먹잇감을 찾고, 어디선가 분노의 틈을 노리다 불쑥 나타난다. 손에는 몽둥이를 들고 있으며, 그 도구는 단순한 무기가 아니라 응징의 상징이다. 날카로운 손톱은 웬만한 금속도 찢을 수 있고, 그가 나타나는 곳엔 공포와 침묵이 드리운다.

그는 특히 머리를 노린다. 때로는 손으로, 때로는 도구로, 반드시 머리를 가격한다. 누군가는 이를 "폭력"이라 부르고, 또 누군가는 "심판"이라 부른다. 억울함과 분노, 정의라는 이름의 감정들이 이 요괴의 내면에서 한데 얽혀 소용돌이친다.

두억시니는 오랫동안 사람들 사이에서 괴물 이상의 존재로 여겨졌다. 어떤 이는 그를 야차의 일종이라 하고, 어떤 이는 억울한 영혼의 화신이라 말한다. 분명한 것은 이것 하나다. 두억시니는 인간의 감정에서 태어난 존재라는 점이다.

지금도 누군가는 깊은 분노를 꾹꾹 눌러가며 살아가고 있다. 겉으론 괜찮은 척 웃고 있지만, 속에서 뜨거운 기운이 피어오른다. 그 마음의 끝자락, 바로 그곳에 두억시니가 서 있을지도 모른다. 그리고 그가 나타나는 순간, 침묵은 깨지고, 머리는… 역시 깨진다.

두억시니는 허공에서 불쑥 나타나지 않는다. 그는 틈을 노린다. 마음속 감정이 흔들릴 때, 일상의 균열이 생길 때, 어느 순간 그 기운이 스며든다. 다음과 같은 징후가 하나라도 느껴진다면, 이미 그의 그림자가 당신 가까이에 드리워졌을지도 모른다.

························ ◉ ························
두억시니의 영향력이 나타나는 징조

① **이유 없는 분노가 치밀어 오른다.**
별일도 아닌데 얼굴이 달아오르고, 주변 사람 하나하나가 얄밉게 느껴지기 시작한다. 그 분노는 당신 것이 아닐 수도 있다. 두억시니는 마음속에 웅크리고 있다가, 감정의 균열을 통해 몸을 일으킨다. 그 감정이 행동으로 옮겨지려는 순간, 당신은 이미 지배당하고 있다.

② **붉은색이 유독 눈에 띄기 시작한다.**
옷, 간판, 벽지, 심지어 햇빛마저 붉게 보이기 시작한다면, 그건 단순한 기분 탓이 아니다. 두억시니는 붉은 기운을 통해 이 세계와 연결된다. 빨간색은 그의 신호이자 통로다. 그것에 눈을 뺏기는 순간, 감정은 불길처럼 번져간다.

③ **누군가를 비이성적으로 증오하게 된다.**
싫다. 거슬린다. 눈앞에서 사라졌으면 좋겠다는 생각이 든다. 이유

는 묻지 말자. 감정은 설명되지 않을 때 가장 위험하다. 두억시니는 바로 그 증오를 먹고 자란다. 오래될수록 감정은 말에서 행동으로 옮겨간다. 폭언이 되고, 폭행이 되고, 그 너머까지 번진다.

④ 거울 속 얼굴이 낯설게 느껴진다.
분명 웃고 있었는데, 거울 속 당신은 무표정이다. 입꼬리는 내려가 있고, 눈에는 화가 서려 있다. 아니면 전혀 모르는 얼굴이 슬쩍 웃는다. 두억시니는 내면 깊은 곳에서 감정을 비틀고, 결국 얼굴마저 빼앗는다. 거울은 가장 늦게 울리는 경고다.

⑤ 이름 모를 단어가 입에 맴돈다.
언제부턴가 익숙하지 않은 이름이 자꾸 떠오른다. 꿈속에서도 들리고, 무심코 입 밖으로 흘러나오기도 한다. '누구지?' 하며 지나친 그 이름은, 어쩌면 두억시니가 남기고 간 마지막 증오의 흔적일지 모른다. 잊힌 자의 원념은 종종 다른 사람의 입을 빌려 되살아난다.

···

이러한 징조들이 반복될 때, 사람들은 처음엔 단순한 스트레스라고 여겼다. 하지만 시간이 흐르면서, 일부는 그것이 자신의 감정이 아니었다고 말하기 시작했다. 실제로 부산 해운대의 한 오피스텔에서는 이상한 일이 반복되고 있었다. 단기간에 세입자가 네 번이나 바뀌었고, 그들 모두 입을 모아 말했다.

"거울이… 이상해요."

문제의 방은 침대가 거울을 마주 보도록 배치돼 있었다. 입주자들은 하나같이 잠들기 전, 거울에 비친 '자기 자신'이 어딘가 조금씩 다르게 느껴졌다고 했다. 마치 표정이 0.5초쯤 늦게 따라오거나, 손짓의 타이밍이 미묘하게 어긋나는 식이었다. 그중 세 번째 입주자는 평범한 직장인이었다. 그는 어느 날 새벽, 자신의 비명에 놀라 깨어났다. 손에 피가 배어 있었고, 벽에는 손톱으로 긁은 흔적이 남아 있었다. 거기엔 그의 이름 대신 낯선 글자가 새겨져 있었다. 문제는 그 흔적 속에 새겨진 글자였다.

'양선미'

그 이름은 낯설지만, 이 근방에선 결코 잊히지 않는 이름이었다. 오피스텔에서 직선 거리로 300미터쯤 떨어진 낡은 주택가. 십 년 전, 한 여성이 실종된 끝에 거울 앞에서 시신으로 발견된 사건이 있었다. 유서도 외상도 없었고, 이상하게도 거울 표면에는 손바닥 자국이 안쪽에서 찍힌 듯 남아 있었다. 그녀의 이름이 바로 '양선미'였다.

그 사건 이후, 인근 주민들 사이에선 조용한 소문이 돌았다.

"그 집 근처 지나갈 땐, 절대 거울 보면 안 돼."

입주자는 이후 병원으로 이송되었고, 퇴원한 뒤로는 연락이 끊겼다. 그가 마지막으로 남긴 말은 하나였다.

"거울 안쪽에서 누가 웃고 있었어요. 진짜 문제는… 그게 제 얼굴로 웃고 있던 거예요."

며칠 뒤, 관리인이 퇴거 정리를 하던 중 거울 뒷면에서 낡은 흑백사진 한 장이 떨어졌다. 사진 속 인물은 양선미로 추정되는 젊은 여인이었고, 그녀가 손에 들고 있던 작은 손거울이 눈에 들어왔다. 그 거울 속엔 사진을 찍고 있는 사람이 아니라, 뒤집힌 채 웃고 있는 또 다른 여자의 얼굴이 담겨 있었다.

그 방은 결국 '특수 정화 작업'을 거쳐 폐쇄됐다. 하지만 지금도 그 오피스텔 엘리베이터에선 이상한 소문이 끊이지 않는다. 밤늦게 혼자

탔을 때, 투명 유리에 비친 자신을 바라보지 않는 게 좋다는 이야기. 왜냐하면 그때 누군가가 당신을 보고 있을 수도 있으니까.

두억시니는 오래된 전설 속에만 머물지 않는다. 그는 지금도 누군가의 분노 속에서 조용히 자라고 있다. 그리고 언제든 당신의 마음속에서 다시 깨어날 수 있다.

전염병을 퍼뜨리는, 역귀

　전염병은 언제나 소리 없이 퍼진다. 그리고 가장 먼저 무너지는 건, 육신이 아니라 마음이다. 열이 오르고, 숨이 가빠오고, 아무 약도 듣지 않기 시작하면 사람들은 병보다 귀신을 먼저 떠올린다. 그 병도 마찬가지였다. 몸에서 비롯된 것이 아니라, 집 안 어딘가 빛이 닿지 않는 음습한 그늘에서부터 조용히 스며들기 시작한 듯했다.
　처음엔 벽을 따라 흐르는 낯선 기운이 느껴졌고, 이내 들리진 않지만 분명히 존재하는 속삭임이 공기를 타고 퍼지기 시작했다. 방 안의 공기는 점점 눅눅해졌고, 아무리 창문을 열어도 그 기운은 좀처럼 빠져나가지 않았다. 그 모든 낌새가 가리키는 건 단 하나. 역귀다. 역귀가 든 것이다.
　옛날부터 사람들은 원인을 알 수 없는 병이 찾아오면, 그 모든 걸 '역귀'의 짓이라 여기곤 했다. 죽은 자의 혼이 병이 되어 돌아왔고, 그 귀신은 벽을 따라 움직인다고 믿었기 때문이다. 그래서 병든 이는 벽 가까이에 눕히지 않았다. 역귀가 몸에 붙지 않게 하려는 마지막 몸부림이었던 셈이다.

역귀는 사람의 기운이 약해졌을 때를 틈타 들어온다. 몸이 흔들리고 마음이 약해질 때, 바람처럼 스며들고 병처럼 번진다. 의사는 병이라 하고, 무당은 귀신이라 한다. 차이는 그것뿐이다. 그래서 병에 걸린 이들은 약국보다 무당집을 먼저 찾았다. 몸이 아픈 게 아니라, 귀신이 깃들었다고 생각했으니까.

민간에서는 역귀를 막기 위해 붉은 팥밥을 지어 먹고, 문 앞에는 붉은 천을 걸어두었다. 정월대보름이 되면 마을을 돌며 부정이 들지 않기를 소리쳐 외쳤다.
"잡귀야 물렀거라!!"
그건 미신이 아니라, 보이지 않는 공포에 맞서기 위한 의식이었다. 지금도 역귀는 완전히 사라지지 않았다. 이름을 바꾸고 모습만 달라졌을 뿐. 우울증, 무기력, 번아웃 같은 이름으로. 어쩌면 이 시간에도, 당신 곁 어딘가 벽 너머 그늘진 공간에 머물고 있을지 모르는 일이다. 혹여, 문득 그런 기운이 느껴진다면 그때 스스로에게 물어봐야 한다.
"설마 나도 역귀가 들었나?"

역귀 중에서도 가장 무서운 존재는, 바로 악명 높기로 소문난 '마마'다. 그는 천연두의 화신으로 불리는데, 미열로 시작된 병은 하룻밤 새 발진과 고열로 악화되고, 눈조차 뜰 수 없을 정도로 얼굴이 붓고 헛소리와 경련이 이어진다고 한다. 죽은 아이의 얼굴은 누구도 들여다보지 않는다. 그건, 마마가 아이의 얼굴까지 앗아갔다고 믿기 때문이다.

그의 전염력은 상상을 초월한다. 대문 앞에 붉은 글씨로 '마마금입(痲痲禁入)'을 써 붙였음에도, 병은 문틈을 타고, 바람을 타고 몸속 깊숙이 퍼진다. 이 때문에 마마는 악질적인 성격의 역귀로도 유명하다. 기분이 나쁘면 무당부터 앓게 하며, 다른 귀신이 들어오면 먼저 그 집에 병을 퍼뜨리기도 한다.

마마는 질투심이 유독 강한 역귀다. 다른 귀신의 기척조차 참지 못할 만큼, 예민하고 집요한 성질을 가졌다고 한다. 자신이 머무는 마을에 다른 귀신이 들어오면, 가장 먼저 그 집에 병을 퍼뜨려 마치 '이곳은 내 영역이다'라고 알리듯 흔적을 남긴다.

마마의 기운이 감돌기 시작하면, 마을 전체가 금세 긴장에 휩싸였다. 부모들은 아이들에게 노래를 부르지 못하게 했고, 부엌칼은 눈에 띄지 않도록 감춰 두었다. 그 모든 행동은 마마의 눈을 피하고, 그 화를 사지 않기 위한 오래된 지혜였다.

이렇게까지 한 이유는 아이들의 노랫소리는 마마의 귀를 거슬리게 하고, 반짝이는 칼은 그녀의 눈을 자극한다고 믿었기 때문이다. 심지어 조상의 혼이 드나드는 틈을 타 마마가 따라붙을 수 있다는 속설 때문에 제삿날을 피하기도 했다. 그래서 어떤 마을에서는 제사를 49일이나 미루는 풍습이 생겨났다. 전염병이 두려워서가 아니라, 죽은 이의 넋이 아직 이승을 떠나지 않았다고 믿었기 때문이며, 이러한 조상들의 경험은 방역보다 먼저 공포의 메커니즘을 이해하고 있었던 셈이다.

기억해야 한다. 마마는 병의 얼굴을 한 괴물이자, 공동체를 무너뜨리는 존재임을.

과학이 발전하면서 우리는 전염병을 어느 정도 막아낼 수 있게 되었지만, 그렇다고 역귀가 완전히 사라진 것은 아니다. 오히려 지금은, 더 교묘하고 조용한 모습으로 우리 곁을 맴돌고 있다. 현대의 역귀는 사람들 사이에서 이간질하는 걸 즐긴다. 미움과 불신이라는 병을 전염시키고, 영혼이 약해진 사람에게 스며들어 무의식 중에 갈등을 일으키게 만드는 것이다.

더 무서운 건, 그 사람조차 자신이 지금 어떤 짓을 하고 있는지 모른다는 점이다. 그래서 다툼은 깊어지고, 관계는 망가지고, 역귀는 그걸 지켜보며 조용히 웃는다. 그게 목적이었으니까. 또한 역귀는 말에도 반응한다. 부정적인 말이 계속 반복되면, 그 어두운 기운을 따라 조용히 스며드는 것이다.

"이제 아무도 믿을 수 없어."

"왜 나만 이래?"

"다 너 때문이야."

"어차피 소용없잖아."

이런 말들은 감정의 병을 옮기는 통로가 된다. 말은 공기처럼 퍼지니까. 혹시 주변에 자꾸 이런 말을 반복하는 사람이 있다면, 그 사람을 곧바로 탓하기 전에 먼저 역귀의 기운을 의심해 보자. 그리고 마음속으로 이렇게 생각해 보는 거다.

'혹시, 저 사람한테 역귀가 붙은 건 아닐까?'

그다음엔 살짝 아무 말 없이 등을 토닥여 주는 것도 좋다. 그 사람은 왜 그런지 몰라 어리둥절하겠지만, 적어도 당신은 그 이면에 있는 존재를 눈치챈 사람이니까.

역귀가 자주 출몰하는 지역

① 한성대입구역 낙산

옛날부터 삼선교로 불렸던 이 지역엔 '낙산'이라는 작은 산이 있는데, 조선시대 풍수지리상 '좌청룡'에 해당한다. 그런데 문제는 좌청룡인 낙산의 높이가 너무 낮았다는 점이다. 결국 조선의 왕실에서는 대대로 둘째 아들의 명이 짧았다, 혹은 비명횡사한다는 풍문이 이어졌다. 풍수의 균형이 깨졌다는 건, 귀신들에게 틈이 생긴다는 뜻이기도 했다. 그래서 이곳은 오래전부터 '기이한 죽음이 모이는 자리'로 불리곤 했다.

② 왕십리 지하도

사방으로 길이 이어지는 왕십리는 과거 귀신과 요괴들도 지나가던 관문이었다. 이곳엔 지금도 들려오는 전설이 있다. '왕십리에서 가장 노래를 잘하던 기생'이 요괴에게 죽임을 당하고, 귀신이 되어 노래를 멈추지 않고 있다는 이야기. 지금도 왕십리 지하도를 지나던 사람들 중엔, 이어폰을 꼈는데도 낮은 아리랑이 들렸다고 증언하는 이들이 있다. 더 무서운 건, 그 노래를 따라 흥얼거린 몇몇이 이유 없이 병을 얻거나 실종되었다는 점이다. 그리고 그 지역의 무속인은 이런 말을 했다고 한다.

"그건 귀신이 부르는 게 아니라, 그 노래에 실린 한이 부르는 거야. 따라 부르면 자리를 대신하게 되는 거지."

③ 신당역

신당 지역에는 과거 무당들이 많이 거주했다. 그래서 이름도 '신당(神堂)'이 된 것이다. 무속과 영의 기운이 강한 만큼, 자연스럽게 역귀 출몰도 잦았다. 이유는, 자신을 내쫓았던 무당들에게 복수하기 위해서.

그러던 어느 날, 신당역 근처에서 한 무당의 제자가 굿 준비 중 갑자기 사라지는 사건이 있었다. 그는 늘 뒷정리를 하던 사람이었는데, 마지막으로는 도구를 정리하던 중 창밖을 바라봤고, 그 이후로 모든 연락이 끊겼다고 한다. 며칠이 지나자, 주변 사람들조차 그가 누구였는지 기억하지 못했다.
"그 친구 이름이 뭐였더라?"
"아니, 그런 사람 안 왔던 것 같은데?"
그의 방엔 작은 메모 하나만 남아 있었다.
"기억에서 사라지는 게, 죽는 것보다 더 빠르더라."
이후 무속계에선 '신당역 근처에서 혼자 굿 준비하지 말 것'이라는 말이 퍼졌다. 특히 연기나 향처럼 기운을 끌어올리는 작업은 혼자 하지 말 것. 역귀는 그런 틈을 가장 잘 파고들기 때문이다.
무당이 많았던 '신당' 지역. 굿을 준비하던 무당의 제자가 갑자기 사라지고, 며칠 후 아무도 그를 기억하지 못했다고 한다.

그가 남긴 마지막 메모:
"기억에서 사라지는 게, 죽는 것보다 더 빠르더라."

무속계의 경고:
'신당역에서 혼자 굿 준비하지 말 것.'
. . . .

역귀는 은밀하게 퍼지지만, 그렇다고 전혀 막을 수 없는 존재는 아니다. 어쩌면 아주 작고 간단한 행동 하나가 그들의 기운을 막을 수도 있기 때문이다.

역귀 퇴치법

① 말의 고리 끊어라
부정적인 말을 되묻는 것만으로도 역귀는 그 흐름을 잃는다.
예: "다 너 때문이야." → "내가… 너 때문이야?"

② 불빛을 창문에
밤 9시, 촛불을 켜고 창문 쪽에 둬라. 역귀는 어둠 속에 머물 수 없다.

③ 기억을 붙잡아라
잊히는 자리에 역귀는 깃든다. 떠오른 이름을 종이에 써 책갈피에 넣어라. 기억은 책 속에 가장 오래 숨는다.

역귀는 틈을 노린다. 그리고 우리는 그 틈을 지키는 사람이어야 한다. 그러니 잊지 말자. 누군가를 기억하는 그 순간, 귀신은 물러나고 우리는 다시 서로를 붙잡게 된다.

혼례를 치르지 못한 여자의 혼, 처녀귀신

버스는 정류장을 그냥 지나쳤다. 하차 벨이 울렸고, 몇몇 승객이 불편한 기색을 보였지만, 기사는 브레이크를 밟지 않았다. 한 승객이 조심스럽게 물었다.

"기사님, 지금 정류장 그냥 지나치셨어요."

그 말에 기사는 짧게, 그러나 어딘가 떨리는 목소리로 대답했다.

"죄송합니다. 그 자리… 예전부터 좀 이상해서요."

그 '자리'는 늘 문제였다. 하차 버튼이 제대로 눌리지 않거나, 사람이 앉으면 센서가 오작동을 일으켰고, 심지어 누가 타지도 않았는데 자리가 눌려 있는 적도 있었다. 가장 이상했던 건, 백미러였다. 그날도 백미러 속에 웨딩드레스를 입은 여자가 보였다. 아무도 앉지 않은 빈 좌석 위에, 마치 먼지처럼 희미하게 비치는 흰 형체. 그녀는 고개를 숙이고 있었지만, 기사에게는 분명히 느껴졌다.

'아, 또 왔구나.'

처음엔 그 자리에만 문제가 있는 줄 알았다. 하지만 알고 보니, 그 자리는 몇 년 전, 결혼식장으로 향하던 신부가 마지막으로 탔던 자리였다. 신부는 혼자 정류장에서 버스를 기다리다, 영영 돌아오지 않았다. 그 정류장을 중심으로 벌어진 실종 사건. 사람들은 기사도, 경찰도, 누구도 확실한 설명을 내놓지 못했다. 그리고 그때부터였다. 그 자리를 지나칠 때면, 이상하게도 뒷좌석이 눌려 있거나, 거울 속 얼굴이 어긋나는 일이 생겼다. 하차벨이 혼자 울릴 때도 있었고, 빈자리에 누군가가 앉아 있는 기척이 전해지기도 했다.

그래서 이제, 사람들은 더 이상 묻지 않는다. 그 자리에 누가 앉아 있었는지, 왜 정류장을 지나쳤는지, 왜 기사들이 때때로 백미러를 덮는 천을 씌우는지. 묻지 않는 게 도리라는 걸, 이 동네 사람들은 알게 되었기 때문이다.

흰 저고리에 붉은 치마, 축 늘어진 생머리, 그리고 생기 없는 눈동자. 사람들은 그녀를 '처녀귀신'이라 부른다. 죽어서도 혼례를 치르지 못한 여자의 혼. 슬픔과 분노가 뒤섞인 그 혼령은 웃지도 울지도 않는다. 그저 아주 오래전부터 무언가를 기다리는 사람처럼, 말없이 서 있을 뿐이다.

옛사람들은 믿었다. 혼례를 치르지 못한 여인의 혼은, 장례보다 먼저 혼례를 올려줘야만 편히 떠날 수 있다고. 가문의 반대로 생을 마감한 여인, 약혼자의 배신에 절벽에서 몸을 던진 사람, 가마를 타기 전날 밤 억울하게 목숨을 잃은 신부. 그렇게 끝내 이루지 못한 '미완'이 처녀귀신을 만드는 것이다. 그리고 그 미완은, 지금도 혼자 버스를 기다리는 누군가 곁에 조용히 서 있다. 누군가의 옆자리에서 여전히 혼례날을 기다리며.

부산 동구 일대에는 오래전부터 전해 내려오는 이야기가 있다. 1990년대 초, 한 남자가 결혼을 앞두고 약혼녀를 버린 채 홀연히 해외로 도망친 사건인데, 그로부터 3년 뒤, 다시 한국에 돌아온 그는 이상한 변화에 시달리기 시작했다는 것이다. 이유 없이 식욕을 잃고 말수가 줄더니, 결혼식장 근처에만 가면 숨을 가쁘게 몰아쉬며 극심한 불안 증세를 보였다고 한다. 결국 그는 예복을 입은 채 사라졌고, 남겨진 말은 단 하나였다.

"그 애가, 아직… 거기 있어."

며칠 뒤, 그의 방에서 한 장의 편지가 발견되었고, 짧은 문장 하나가 적혀 있었다.

"이제, 너만 오면 돼."

그렇다면 그녀는 이승에서 무엇을 기다리는 걸까? 결혼식이 끝나지 않았기에, 그녀는 아직 떠날 수 없다. 누군가를 찾아야 한다. 이번엔 절대 도망치지 않을 사람, 자기를 버리지 않을 사람, 식장 끝까지 함께 걸어줄 사람. 그녀는 마음에 드는 이의 곁을 천천히 맴돈다. 처음엔 스쳐 지나가는 사람처럼, 다음엔 매일 같은 장소, 같은 시간에 마주치게 된다. 밤이면 이름을 부르고, 꿈속에선 손을 잡고 혼례를 올린다. 그녀는 예복을 입고 웃으며 말한다.

"나는 다 준비됐어."

정작 그는 기억이 없다고 말하지만, 그녀는 이미 결혼을 마쳤다고 믿는다. 기다림은 끝났고 이제 데려갈 일만 남았다고. 이승에서 이루지 못한 사랑은, 끝내 저승에서도 끝나지 않는다. 그 일이 있고 나서, 사람들은 말한다.

"결혼은 산 사람끼리 하는 거야."

하지만 세상엔 아직 혼례를 끝내지 못한 이들이 있고, 그들의 한을 달래주기 위한 결혼식도 존재한다. 그건 바로, '영혼 결혼식'. 그녀의 마음을 풀 수 있는 유일한 방법이자, 때로는 이승에 남은 이들의 평안을 위한 마지막 의식이다. 혹시라도 그녀와의 영혼 결혼식을 진지하게 고려하고 있다면, 반드시 아래의 다섯 가지 원칙을 기억해야 한다.

처녀귀신과의 '영혼 결혼식' 원칙

① 신랑은 살아 있는 사람이어야 할 것
   죽은 이들끼리는 위로가 되지만, 산 자는 그녀에게 '진짜 삶'의 환상을 준다. 그만큼 깊이 집착하고, 쉽게 떠나지 못한다.

② 조용하고 어두운 공간에서 치러야 할 것
   소란과 밝은 조명은 그녀를 자극한다. 향을 피우고, 밤에, 고요하게 예를 갖춰야 할 것이다.

③ 신랑은 혈서를 써야 할 것
   평생 다른 이와 결혼하지 않겠다는 맹세. 그 맹세가 깨지는 순간, 그녀는 다시 돌아온다.

④ 붉은 봉투에 축의금을 담아야 할 것
   그녀도 신부다. 남들처럼 똑같이 대접받고, 축하받고 싶어 한다. 참고로, 붉은 봉투는 그 피를 막아 주는 상징이다.

⑤ 영매사를 통해야만 할 것

혼자서 그녀를 마주하면, 그 혼례는 당신을 데려가는 의식이 될 수도 있다.

....

실제로 그런 혼령이 목격되었다는 이야기는 지금도 이어지고 있다. 경기도 가평, 통일교 연수원 인근. 합동결혼식을 앞두고 사라졌던 여신도의 이름이, 몇 년이 지나도록 명단에서 지워지지 않았다는 소문이 돌았다. 그 무렵부터 새벽마다 웨딩드레스를 입은 여자가 복도 끝에 서 있다는 목격담이 퍼지기 시작했다. 누군가는 "기도 중에 이름을 부르는 여자 목소리를 들었다"고 했고, 또 다른 사람은 "문을 열었는데, 하얀 옷자락이 복도 모퉁이로 사라졌다"고 말하기도 했다. 사람들은 그 여자가 아직도 혼례날을 기다리는 게 아니냐며 속삭였다.

이후, 내부에서 한 차례 '영혼 결혼식'이 시도되었다는 말도 전해진다. 이승에 남은 혼을 위로하기 위한 절차였다. 신랑 역할을 맡은 남성은 혈서를 쓴 뒤, 작고 어두운 기도실에서 예식을 진행했다. 그러나 예식 도중 그 남성은 갑작스럽게 의식을 잃고 쓰러졌으며, 다음 날 그의 손목 안쪽에는 '나는 아직 준비되지 않았다'는 글자가 손톱으로 긁힌 듯 새겨져 있었다고 한다. 그 이후, 그 방은 지금까지도 사용되지 않고 있다. 그 건물은 여전히 운영 중이다. 하지만 그 복도 끝에는 언제나, 웨딩드레스를 입은 여자가 서 있을 수 있다는 말이 돌고 있다. 결혼도 죽음도 제 뜻대로 이루지 못한 자의 혼은 그렇게 사라지지 않는다.

그리고 마지막으로, 꼭 기억해야 할 것이 있다. 그녀는 단지, 사랑받고 싶었을 뿐이다. 그래서 아직 이승을 떠나지 못하고 있는 것이다. 하지만 그 사랑은 점점 집착으로 바뀌었고, 끝내 저주가 되었다. 어쩌면 지금도, 그녀는 어딘가에서 당신을 기다리고 있을지 모른다. 예복을 곱게 차려입은 채, 조용히 이렇게 속삭이며.

"이제, 너만 오면 돼."

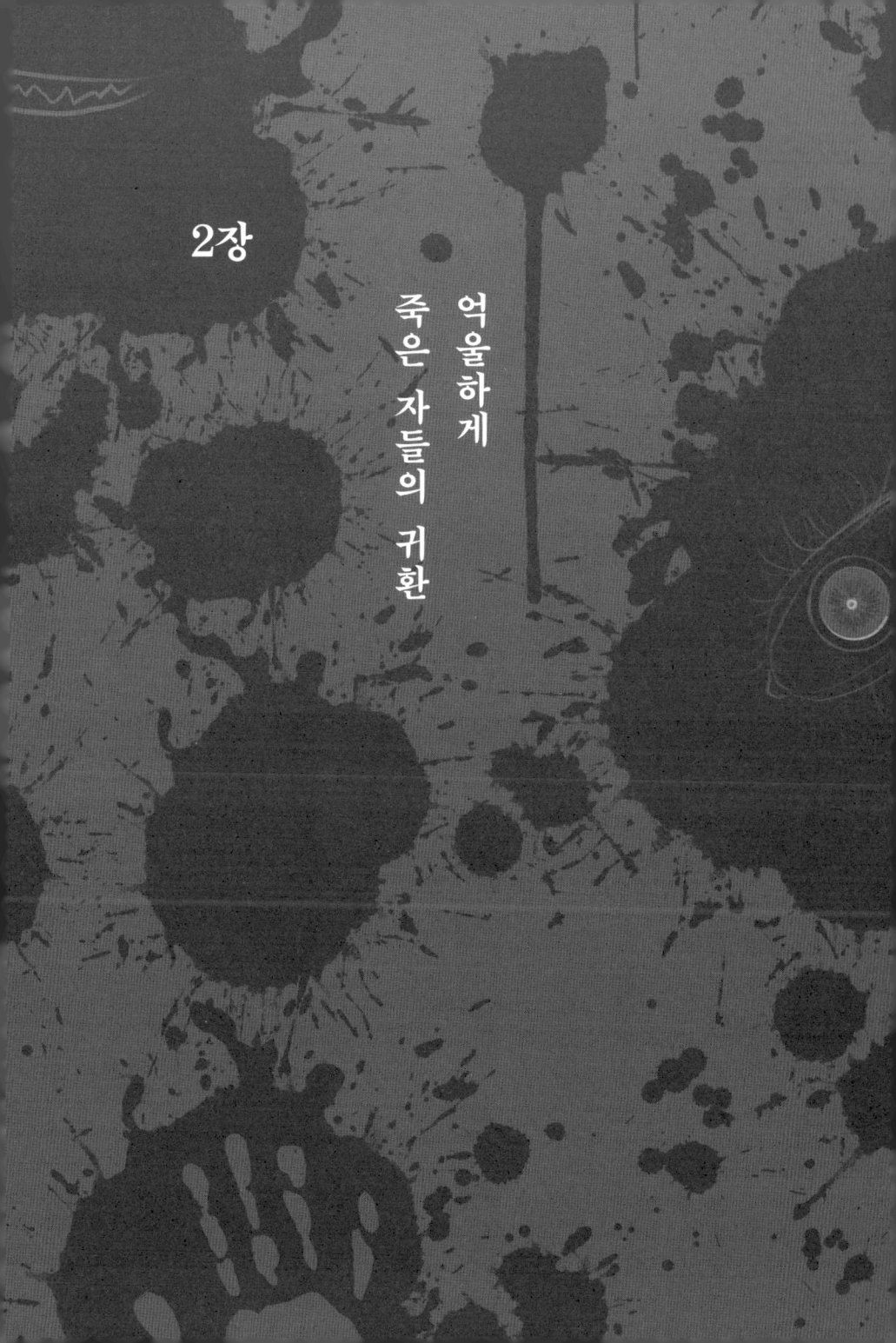

신부 없는 신랑, 총각귀신

 총각귀신. 그는 이름 그대로 '결혼하지 못하고 죽은 남자의 혼'이다. 전통적으로는 '몽달귀신'이라고도 불린다. '몽달'이란 말은 '몽땅 달지 못한', 즉 삶의 중요한 한 조각을 이루지 못한 자를 뜻한다. 결혼이 마치 삶의 마침표처럼 여겨졌던 시절, 그것을 이루지 못하고 세상을 떠난 총각은 원한이 되어 수 천 년이 흐른 아직까지도 이승에 머물고 있다고 여겨진다. 혼례를 앞두고 병이나 사고로 목숨을 잃거나, 사랑하던 사람에게 버림받아 스스로 생을 마감한 이들이 여기에 해당한다. 그중에서도 약속된 혼례가 깨졌을 경우, 총각귀신은 유독 깊은 원한을 품고 나타난다고 전해진다.

 그런 안타까운 사연 탓일까. 총각귀신의 원한은, 때로는 처녀귀신보다 더 깊고 더 무섭다고 한다. 그는 단순히 이승을 떠도는 데서 그치지 않는다. 어느 날부턴가 사람들의 꿈에 나타나기 시작하고, 말없이 멀찍이서 지켜보던 시선은 조금씩 가까워진다. 처음엔 아무 말 없이 바라보는 것뿐이지만, 어느 순간부터 말을 걸기 시작하고, 끝내 이렇게 속삭인다.

"식장으로 가요."

그가 손을 내미는 순간, 꿈에서 깨어나지만 목덜미는 축축하게 젖어 있고, 몸은 가위에 눌린 듯 무겁게 느껴진다. 어떤 이는 결혼식 사진을 찍는 꿈을 꾸었다고 했다. 신랑은 선명하게 웃고 있었지만, 신부의 얼굴만 흐릿하게 지워져 있었다고.

이런 꿈이 반복되기 시작하면, 이상한 일들이 현실에서도 하나둘 나타나기 마련이다. 닫아두었던 방문이 저절로 열리고, 텅 빈 복도에서 발소리가 들리며, 어두운 거울 너머엔 정장 차림의 남자가 서성이는 모습이 어렴풋이 비친다는 제보가 이어지고 있다.

2021년, 전남 순천에서 있었던 일이다. 이야기의 시작은 결혼을 앞둔 한 여성이 이상한 꿈을 꾸기 시작하면서부터다. 매일 밤 꿈속에서 낯선 남자가 말없이 그녀를 바라보고 있던 것이다. 계단 아래에서 손을 흔들거나, 어느 날부턴가 결혼식장 앞에서 부케를 든 채 기다리기도 했다. 문제는 그 남자가 예비 신랑이 아니었다는 것인데, 결정적인 건 식장 리허설 날이다. 대기실 거울 앞에서 누군가 그녀의 이름을 부르더니, 이렇게 속삭였다고 한다.

"이제, 내 차례야."

그날 이후, 그녀는 예식을 취소한 채 종적을 감췄고, 예식장은 이따금 혼례가 무산되는 곳이라는 소문에 휩싸였다. 어느 날부턴가 소나무 아래서 하얀 저고리를 봤다는 목격담도 돌기 시작했다. 사람들은 말한다. 그 예식장엔 아직 혼례를 끝내지 못한 총각귀신이 머물고 있다고.

물론 총각귀신의 짝이 반드시 죽은 사람일 필요는 없다. 산 사람도 총각귀신과 결혼을 맺을 수 있다. 다만 그 절차는 훨씬 더 까다롭고, 더 조심스럽다는 점이다.

총각귀신과의 '영혼 결혼식' 다섯 가지 원칙

① 결혼 상대는 반드시 살아 있는 인간, 그리고 '아름다운 여성'이어야 할 것
총각귀신은 생전에 이루지 못한 짝사랑의 기억을 따라 움직인다. 그가 반응하는 건, 자신이 사랑했던 사람과 닮은 얼굴뿐이다.

② 결혼식은 조용한 밤, 은은한 촛불 아래에서 진행되어야 할 것
너무 밝거나 소란스러운 환경은 귀신을 자극할 수 있다. 어둠을 모두 지우지 말고, 작은 불빛으로 귀신의 길을 밝혀야 한다.

③ 결혼 상대는 '평생 인간과 결혼하지 않겠다'는 혈서를 남겨야 할 것
이건 위로로 끝나는 이야기가 아니다. 죽은 자와 산 자가 맺는 깊은 약속, '영혼의 혼약'이다. 그 약속이 깨지면, 그는 다시 돌아온다. 반드시.

④ 하객은 붉은 봉투에 축의금을 담아야 할 것
피와 맹세의 상징인 붉은 봉투는, 귀신이 이 결혼을 진심으로 받아들일 수 있게 해준다.

⑤ 의식은 반드시 영매사를 통해 진행되어야 할 것

귀신과 직접 마주하는 건 위험하다. 영매사는 통로를 열고, 다시 닫는 역할까지 맡아야 한다. 그렇지 않으면 그는 돌아가지 못한다.

....

산 사람과 죽은 자가 맺는 사랑, 언뜻 보면 낭만처럼 들릴 수도 있다. 하지만 그 끝엔 늘 이상한 기운이 따라온다. 총각귀신도 그렇다. 자신이 사랑한 사람을 쉽게 놓지 못한다. 이승에 머무르며 그 감정을 끝까지 완성하려 한다.

북촌 한옥마을엔 아무 간판도 없는 낡은 집이 하나 있다. 대문은 닫힌 채 몇 년째 그대로고, 낮에도 그 집 앞만 유독 그늘이 진다. 이상하게도 그 집 앞을 지나면 괜히 말수가 줄어들고, 괜히 웅크리게 된다. 주민들은 그 곳을 '신랑의 집'이라 부른다. 한때, 결혼식을 앞두고 갑작스레 세상을 떠난 젊은 남자가 살던 곳이기 때문이다.

사람들은 아직도 그날을 기억한다. 혼례를 사흘 앞둔 날, 그는 신부의 집으로 가던 중 골목 모퉁이에서 갑자기 튀어나온 오토바이에 치였다. 머리를 심하게 다친 그는 말 한마디 남기지 못한 채 세상을 떠났고, 예정됐던 혼례는 그대로 멈춰 버렸다. 신부는 멍한 표정으로 식장을 빠져나왔고, 이후 실어증에 걸렸다고 한다. 그때부터였다. 신랑의 집에 이상한 일들이 생기기 시작한 건. 밤마다 마당에서 천천히 끌리는 혼례복 자락 소리가 들렸고, 아무도 없는 방 안에서 예복이 펄럭이는 소리가 났다. 누군가는 거울을 보다가 자신 뒤에 서 있는 낯선 남자의 눈을 마주쳤다고 말했다. 입을 열려는 순간, 그 얼굴은 툭… 하고 사라졌다고.

더 이상한 건 그 주변인데, 그 골목에선 지난 10년 사이에 청첩장

가게 네 곳이 잇달아서 문을 닫은 것이었다. 이는 결혼과 관련된 일이라 더 섬뜩하게 느껴졌고, 사람들은 은근히 그 집과 연관 지어 수군거리기 시작했다. 그중 한 가게 주인은, 떠나기 전 이렇게 말했다.

"인쇄가 멈춰요. 결혼 청첩장만 인쇄하려 하면, 꼭 기계가 고장 나요. 이상하게."

요즘도 그 근방을 걷다 보면 방향을 잃는 사람들이 있다. 똑같은 돌담길을 몇 번이고 돌아, 마치 같은 자리를 맴도는 기분. 어떤 이는 혼례복처럼 보이는 붉은 천이 시야를 스쳤다고도 한다. 물론, 돌아봤을 땐 아무것도 없다.

사람들은 그 신랑이 아직 그 집에 머물고 있다고 믿는다. 완성되지 못한 혼례. 오지 않은 신부. 그는 지금도, 닫힌 대문 뒤에서 예복을 입고 기다리고 있는지도 모른다. 그래서 북촌 골목을 걷는 연인들은 절대 그 집 앞에서 결혼 얘기를 하지 않는다. 말 한마디가, 누군가의 오래된 감정을 깨울지도 모르고, 아직 끝나지 않은 혼례를 다시 시작하게 만들지도 모르니까.

억울한 피는 물보다 진하다, 장화홍련

형제자매란, 다투고 울며 자라다가도 결국 서로의 편이 되어주는 존재다. 함께 자라고, 함께 웃고, 때로는 싸우면서도 뗄래야 뗄 수 없는 인연. 여기, 그런 인연을 나눴던 두 자매가 있었다. 누구보다 서로에게 의지가 되었고, 세상의 모든 고통을 함께 견뎌냈다. 하지만 그들의 이야기는 오래된 우물가에서 멈췄다. 지금도 그곳에선 누군가 흐느끼는 소리가 들린다. 발목까지 젖은 치마 자락, 얇은 한복 위로 번진 흙물. 그녀들은 아직도 물속 어딘가를 헤매고 있다. 죽음으로도 끝맺지 못한 이야기. 그 이름은, 장화와 홍련이다.

밤마다 누가 운다. 그 소리는 언제나 관아 뒤쪽 연못에서 시작된다고 한다. 처음엔 바람 소리인 줄 알았지만, 어느 날부터는 분명히 들렸다. 긴 한숨 섞인 흐느낌, 그리고 낮은 목소리. 사람들은 말한다. 그 이야기가 처음 시작된 건, 오래전 평안북도 철산이라는 작은 고을이었다. 때는 을사년. 그곳에 새로 부임한 부사 전동흘은 고을로 향하던 길에 기이한 소문을 들었다.

"그곳에 간 부사마다 죽어나갔다네. 밤마다 우는 소리가 들린대."

하지만 그는 왕명을 어길 수 없다며 길을 재촉했다. 도착한 철산은 조용하고 평화로워 보였다. 하지만 첫날 밤, 잠에서 깬 전동흘은 마루 끝에서 이상한 기척을 느꼈다. 흐느끼는 소리. 그리고, 젖은 머리카락과 흙 묻은 한복을 입은 두 자매가 눈앞에 나타났다. 서로 손을 꼭 잡고 마당 끝에 서서, 이곳을 떠나지 못한 이유를 말했다.

"저희는 아직, 할 말이 남았습니다…"

자매는 배 좌수의 딸 장화와 홍련이었다. 새어머니 허 씨는 자매를 몹시 미워했다. 결국, 장화를 사주 없이 임신한 여인으로 몰아세웠고, 그녀를 연못에 밀어 죽였다. 뒤이어 홍련도 그 뒤를 따랐다. 전동흘은 이 이야기를 듣고 허 씨와 그녀의 아들 장쇠를 체포했다. 처음엔 시치미를 떼던 그들도, 연못 위로 두 자매의 시신이 떠오르는 광경을 보고는 결국 모든 죄를 자백했다. 사건은 조정에까지 보고되었고, 허 씨는 곤장 끝에 사망, 장쇠는 교수형에 처해졌다. 자매의 묘 앞에 무릎을 꿇은 배 좌수. 그러나 그 진심은, 끝내 그들에게 닿지 못했다.

그들의 죽음은 한 가정의 비극으로 끝나지 않았다. 두 자매는 끝내 아버지에게 진실을 알리지 못한 채, 깊은 연못에 몸을 던졌다. 그날 이후, 마을에는 이상한 일들이 하나둘 일어나기 시작했다. 밤이면 연못 근처에서 여자의 흐느낌이 들렸고, 새벽마다 누군가는 물가에 피 묻은 한복이 놓여 있는 것을 보았다고 했다. 결국 자매의 혼령이 나타나 억울함을 호소했고, 관아의 조사 끝에 모든 진실이 드러났다고 전해진다. 장화와 홍련은 복수를 마친 뒤에야 비로소 연못을 떠났다. 그렇게 끝난 줄 알았던 이 설화는 지금도 다른 모습으로, 또 다른 장소에서 반복되고 있다.

장화홍련의 귀신은 대개 '억울한 죽음을 당한 여성의 상징'처럼 여겨지고 있다. 특히 자매 귀신, 혹은 젖은 옷을 입고 우물이나 욕실 근처에 서 있는 여성의 모습으로 자주 등장한다. 심야 버스 CCTV에, 세탁실 CCTV에, 또 어떤 숙박업소 화장실 거울 속에 말라야 할 물기 대신, 축축한 한복 자락이 어른거리는 순간들이 있다. 어떤 이는 꿈에서 낯선 여자를 봤다고 말한다. 짙은 눈화장, 젖은 머리, 마른 입술. 처음엔 하나였던 그 얼굴이 어느 순간 둘로 갈라진다. 자매처럼 닮은 두 사람. 하나는 울고, 하나는 웃고 있다. 그리고 똑같이 묻는다.
"왜 우리 얘기는 끝났다고 생각해?"

이처럼 기이한 일들은 옛이야기 속에서만 벌어지는 게 아니다. 2013년, 경상북도의 한 펜션에서 실제로 두 명의 고등학생이 의문사한 사건이 있었다. 사건 당시 CCTV에는 아무도 없는 욕실에 물이 틀어져 있었고, 피해자 중 한 명은 멍하니 천장을 바라보며 무언가를 중얼거리고 있었다. 수사가 진행되면서, 해당 펜션이 과거 연못을 메운 자리에 세워졌다는 사실이 밝혀졌다. 그리고 주민들 사이에선, 그곳이 '오래전 자매가 익사한 우물'을 덮은 자리였다는 말이 퍼지기 시작했고, 그 펜션은 몇 해 뒤 폐업했다.

이 이야기는 수백 년이 지난 지금도 사람들 사이에서 전해지고 있다. 어쩌면 아직도 물가 어딘가에서는 그날의 울음이 잔물결처럼 흘러가고 있을지도 모른다. 제대로 말하지 못하고 죽은 이들은, 끝내 그 이야기를 전하기 위해 다시 나타나니까. 그리고 그 이야기를 듣는 우리는 어쩌면 그때 전동흘처럼 그 목소리에 귀를 기울여야 하는 사람인지도 모른다.

장화와 홍련이 다시 태어난 이유는 전생에 끝내 전하지 못한 억울한 이야기를 이번 생에서는 '공감'이라는 방식으로 전하고 싶었기 때문일지도 모른다. 모든 일은 끝난 것 같지만, 자매의 기억은 완전히 사라지지 않았다. 연못 속에 묻혔던 그 울음은, 이제 누군가의 마음을 조용히 어루만지는 목소리로 남아 있을 테니까.

장화와 홍련은 더 이상 옛날이야기 속 인물만은 아니다. 지금도 누군가의 집 욕실에서, 오래된 연립주택의 정화조 근처에서, 가끔 물속에 비친 얼굴로 모습을 드러낸다. 억울함이 깊을수록 이야기는 쉽게 사라지지 않는다. 장화홍련은 끝난 이야기가 아니라, 지금도 어딘가에서 계속 쓰이고 있다.

몸이 조각난 귀신, 신기원요

무언가가 스르륵 기어 온다. 소리도, 그림자도 없이. 처음엔 아무것도 없던 방이었다. 그런데 어느 순간, 들보 위에서 무언가 '툭' 하고 떨어진다. 팔 하나. 또 다리 하나. 이어서 머리와 몸통까지. 각각의 조각들이 꿈틀거리며 천천히 움직인다. 마치 살아 있는 듯이.

이름도 기이한 귀신, 신기원요(身氣怨妖). 말 그대로, 몸(身)과 기운(氣), 원한(怨)으로 엉겨 붙은 요괴다. 사람의 형체지만, 온몸이 여섯 조각으로 분리되어 있다. 머리, 팔, 다리, 몸통. 각기 따로 움직이지만, 어느 순간 하나로 합쳐져 '완전한 사람'의 형상을 이룬다. 이때의 모습은 우리가 아는 평범한 사람과 다르지 않다. 아니, 오히려 더 아름다울지도 모른다.

하지만 조각이 흩어진 모습은 공포 그 자체다. 그중 하나만 봐도 기절하고, 모든 조각이 합쳐지는 장면을 본 사람은 놀라 죽었다는 말도 있다. 신기원요는 일부러 사람을 해치지는 않는다. 다만, 존재 자체가 너무 기이하고 섬뜩해 보는 것만으로도 사람이 미쳐버릴 수 있다.

이상하게도, 신기원요의 몸이 여섯 조각으로 나뉘었다는 사실은 우연이 아니라는 이야기도 있다. 전해지는 말에 따르면, 그녀가 절벽 아래로 버려진 날은 바로 '육월 육일(6월 6일)'이었다고 한다. 여섯 조각으로 흩어진 그 모습은 마치 그날의 시간과 함께 무언가에 저주처럼 맞춰진 듯했다. 그래서 누군가는 그녀를 '시간에 맞춰 조각난 존재'라 부르기도 한다.

　신기원요는 실제 역사 기록에도 등장한다. 조선 중종 때, 중국 사신으로 떠나던 조광원이라는 인물이 평안북도 한 마을 객사에서 하룻밤을 묵은 일이 있었다. 마을 사람들은 미리 경고했다.
　"그 객사에서 자면… 죽을 거예요."
　그러나 조광원은 개의치 않았고, 객사에서 하룻밤을 묵었다. 그날 밤, 들보 위에서 '툭' 하고 떨어지는 소리와 함께 팔 하나가 방바닥에 떨어졌다. 피는 없었지만 잘린 단면에서 희미한 김이 올라왔고, 살점은 살아 있는 듯 꿈틀거렸다. 이어서 다리, 또 다른 팔, 머리, 몸통까지 하나씩 떨어졌고, 각각의 조각들이 제멋대로 기어다녔다. 어깨 없는 팔은 뱀처럼 기어오르고, 다리는 방향을 잃은 채 방안을 헤맸다.
　그때, 모든 조각들이 동시에 멈췄다. 그리고는 마치 오래전부터 약속된 위치에 맞추듯 딱 맞게 결합되어 갔다. 살이 붙고, 관절이 이어지고, 피부가 덮였다. 마침내 한 여인의 형상이 또렷하게 드러났다. 창백한 피부, 흐트러진 머리칼, 꺼진 눈두덩. 그녀는 조용히 조광원을 바라보다가 입을 열었다.
　"죽이려던 건 아니었어요… 그저 제 억울함을 말하고 싶었을 뿐이에요."

그녀는 한때 그 마을에서 기생으로 살고 있었다. 어느 날, 한 관노가 찾아와 그녀를 억지로 범하려 했고, 그녀는 죽을힘을 다해 저항했지만 끝내 막아내지 못했다. 분노한 관노는 그녀를 절벽 아래로 밀어버렸고, 그녀는 그 자리에서 산산조각 난 채 죽었다. 관리들은 이 사건을 은폐했고, 그녀의 죽음은 오랫동안 세상에 알려지지 않았다.

다음 날 아침, 객사를 찾은 사람들은 모두 조광원이 죽었을 거라고 짐작했다. 그러나 예상과 달리 조광원은 멀쩡히 살아 있었을 뿐만 아니라, 사람들을 대동해 관아로 향했다. 그는 즉시 사건의 진상을 파헤치기 시작했다. 범인은 결국 자백했고 처형되었으며, 여인의 시신도 수습되어 장례가 치러졌다. 그날 이후, 객사에 귀신은 다시 나타나지 않았다고 한다.

하지만 신기원요는 그날 이후 단 한 곳에만 머물지 않았다. 시간이 흘러 전혀 다른 모습으로 다시 나타난 기록이 있다. 1980년대 서울 구로공단. 정형의 손가락은 기계에 끼인 채 잘려 나갔다. 그날은 어린이날이었고, 그는 아들과 대공원에 가기로 약속했었다. 하지만 손을 잃은 그는 타이탄 담요에 싸인 채 병원으로 옮겨졌고, 한참 뒤에야 아내와 아이가 그의 곁에 도착했다. 수술대 위의 그는 울지도 웃지도 못한 채 그렇게 무너졌다.

기계 틈에서 잘려 나간 손, 비닐봉투에 담긴 손목. 산업재해는 흔했고, 사라진 노동자의 손과 발은 '가만히 있어야 할 곳' 대신 어딘가를 떠돌았다는 목격담으로 남았다. 야간 근무를 하던 경비원은 "기계 밑에서 팔이 기어나왔다"고 했고, 또 다른 이는 "지게차 아래에서 다리 하나가 움직였다"고 말했다.

그 누구도 복수를 말하진 않았다. 하지만 그 손은 누군가 자신의 이름을 불러주기만을 기다리고 있었는지도 모른다. 억울함을 말하지 못하고 사라진 몸은 시간이 지나 신기원요라는 이름으로 다시 떠오른다.

   신기원요는 복수를 원하지 않는다. 그저 자신의 이야기에 귀 기울여줄 단 한 사람을 기다리고 있을 뿐이다. 얼마나 아팠는지, 얼마나 무서웠는지, 그리고 얼마나 외로웠는지를 누군가는 알아주기를.
   그래서일까. 지금도 간혹 외진 시골의 폐가, 오래된 객사뿐만 아니라, 오래된 여관, 버려진 기숙사, 철거 예정인 병동 근처에서도 '조각난 사람'을 봤다는 제보가 이어진다.
   "팔 하나가 바닥을 기어갔다."
   "다리만 움직였다."
   그리고 그날 밤이면, 어김없이 어디선가 조각난 여인의 흐느낌이 들렸다는 소문이 돌았다.

   최근에도 비슷한 제보가 하나 있었다. 철거를 앞둔 낡은 기숙사에서 '팔만 기어다니는 걸 봤다'는 영상이 올라온 것이다. 하지만 그 영상은 단 하루 만에 삭제되었고, 댓글에는 "봤다"는 목격담이 끝도 없이 이어졌지만, 정작 원본은 흔적도 없이 사라졌다. 영상 속엔 무언가가 스르륵 지나가는 장면이 있었고, 제보자 역시 더 이상 어떤 말도 남기지 않았다. 누군가는 장난이라 했고, 누군가는 진짜라 믿었다. 그러나 단 한 가지는 분명하다. 어딘가에서 또 하나의 조각이 어둠 속을 기어가고 있었을지도 모른다.

   그녀의 몸은 찢겼지만, 그 마음은 아직 한데 모이지 못한 채 어딘가를 떠돌고 있을 수도 있다. 어쩌면 뉴스 한 줄로 지나간 사건, 골목 끝에서 사라진 누군가, 우리가 불편해서 외면했던 진실. 그런 이야기들이 쌓이고 얽혀서 신기원요라는 이름으로 다시 걸어오는 건 아닐까.

매서운 가을바람, 손돌

　가을바람이 서늘하게 불기 시작하면 어김없이 사람들 입에 오르내리는 이름이 있다. 김포와 강화 사이, 빠른 물살로 악명 높은 바닷목 '손돌목'에는 해마다 음력 10월 20일 무렵, 이상한 바람이 분다. 사람들은 그 바람을 '손돌바람'이라 부른다. 유난히 날카롭고, 유난히 사납다. 배를 띄우던 어부들은 괜히 출항을 미루고, 노인들은 말없이 대문을 걸어 잠근다.
　"오늘 같은 날엔 바다로 나서면 안 돼."
　그렇게 입에서 입으로 전해지는 이름 하나. 손돌(孫乭).

　그는 고려 말, 나라가 몽골에 쫓기던 혼란의 시기에 바닷길을 안내하던 사공이었다. 왕이 수도를 떠나 강화도로 피란하던 날, 손돌은 거센 조류와 암초 사이를 가르며 배를 이끌었다. 바다는 거칠었지만, 그의 손길은 망설임이 없었다. 누군가는 말했다. 위급할수록 침착한 자가 진짜다. 하지만 이상하게도, 그 침착함이 오히려 불길해 보였다고 한다.

"저 자는 어찌 저리도 물길을 잘 아는가. 혹시 적과 내통한 게 아닌가?"

왕은 끝내 그를 배 위로 불러낸 후, 참수를 명했다. 배 안이 고요해졌고, 손돌은 목이 베이기 직전에 마지막으로 입을 열었다.

"박 하나를 물에 띄우십시오. 그게 길을 알려줄 겁니다."

말 그대로였다. 박이 흘러간 방향으로 노를 저었고, 마침내 왕의 배는 바다 끝 강화도에 이르렀다. 뒤늦게 손돌의 충정을 알아챈 왕은 그의 시신을 거둬 장례를 치렀지만, 바다는 이미 그의 죽음을 기억하고 있었다. 그날 이후, 손돌이 죽은 날이면 바람이 일었다. 손돌목엔 뱃사람들이 말하는 '나쁜 바람'이 불고, 그 길목에서 실종되거나 조난된 배들의 이야기가 가끔 들려왔다. 사람들은 그 바람을 귀신의 한숨이라고 불렀다.

"나는 길을 속인 적이 없습니다. 나는 다만, 그 길을 알고 있었을 뿐입니다."

그리고 오랜 세월이 흐른 뒤에도 그 바람은 멈추지 않았다고 전해지고 있다.

그리고 아주 오랜 시간이 흐른 뒤, 그와 비슷한 기운이 다시 이곳을 스쳤다. 2021년 음력 10월 20일 밤 9시 37분. 강화 앞바다에서 3톤급 어선 한 척의 통신이 끊긴 것이었다. 남겨진 마지막 교신은 짧았고, 어딘가 이상했다.

"갑자기… 바람이 너무… 방향을 못 잡겠…"

이후 무전은 끊겼고, GPS 신호도 사라졌다. 해경과 해군은 구조 헬기와 탐색선을 동원했지만, 배는 끝내 발견되지 않았다. 조타기, 부표, 연료통까지 모두 사라졌고, 조각난 어망조차 떠오르지 않았다. 선장과 승무원 두 명의 흔적도 어디에도 없었다. 당시 지역 주민들은 이렇게 말했다.

"손돌이 길을 막은 거야. 매년 그날은 그렇다니까."

그날, 오직 선주들만이 그 바다에 대고 박 하나를 띄웠다고 전해진다.

누군가는 지금도 음력 10월 20일이 되면 박을 하나 띄운다. 또 누군가는 조용히 바닷가에 서서 고개를 숙인다. 그건 미신이 아니다. 잊히지 않는 아주 오래된 기억이다. 길을 잃고 억울하게 버려진 자가 아직도 세상 어딘가에서 방향을 알려주고 있는 건 아닐까.

손돌은 흔한 귀신이 아니다. 살을 찢는 바람으로, 거센 조류로, 사람들이 외면하는 순간 속에서 길을 알려주는 존재. 억울하게 죽은 자가 신으로 떠올랐고, 그래서 지금도 그는 '원한귀이자 바람의 신'으로 불린다.

실제로 한국 무속에서 손돌은 그렇게 남아 있다. 원한은 바람이 되었고, 물살이 되었으며, 마침내 신으로 추앙받게 되었다. 그래서일까. 그의 전설은 지역마다 조금씩 다른 모습으로 전해지기도 한다. 경기도 안성에서는 손돌이 겨울옷 대신 절구통을 사 와 얼어 죽었다는 이야기가, 충북 영동에선 그의 죽은 날을 '손사공 죽은 날'이라 부른다. 어떤 곳에서는 박 대신 벌이나 폭약을 넣은 박을 띄워 몽고군을 물리쳤다는 이야기로 굴절되기도 한다. 이름은 같지만, 기억은 흩어져 있다. 손돌은 바람처럼 전국을 떠돌고 있는 셈이다.

손돌이 나타나기 전 '징조' 유형

① 귀에서 윙- 하는 바람 소리가 들릴 때
　어떤 날은, 바람보다 먼저 '소리'가 온다. 윙- 하고 귓가를 맴도는 낮은 음. 마치 누군가 바다 속에서 불러내는 것처럼.

② 배들이 동시에 '삐' 하는 경보음을 내며 멈출 때
　손돌바람이 오기 직전, 조업 중이던 어선들의 모터가 이유 없이 꺼진 적이 있다. 누가 알려준 것도 아닌데, 그날 그 바다에 있던 배들은 모두 동시에 엔진을 멈췄다.

③ 고기 떼가 갑자기 사라질 때
　전날까진 잘 잡히던 고기가, 손돌이 오는 날엔 감쪽같이 자취를 감춘다. 마치 누가 바다 밑을 싹 비운 것처럼.

④ 박이 거꾸로 떠오를 때 (박 전설과 연결)
　어떤 해엔 누군가 박을 띄웠는데, 그 박이 거꾸로 떠올랐다고 했다. 사람들은 그걸 불길한 징조로 여겼고, 그날 진짜로 조업하던 배 하나가 돌아오지 않았다.

⑤ 해무(바다 안개)가 평소보다 낮게 깔릴 때
　아침 해무가 발등까지 내려오는 날은 조심해야 한다. 손돌이 길을 잃은 날도, 그렇게 안개가 짙었다고 했다.

・・・・・・・・・・・・・・・・・・・・・・・・・・・・・・・・・・・・

지금도 강화 앞바다의 어부들은 그날이면 조업을 피한다.
"괜히 나갔다가, 저승길 가는 수가 있어"

이 말은 겁을 주기 위한 말이 아니다. 믿음을 저버리고 누군가의 진심에 귀를 닫았던 대가를 떠올리게 하는 말이다. 그리고 바람이 다시 묻는다. 정말 믿을 준비가 되어 있는가.

꿈속을 헤매는 붉은 귀신, 적염귀

가만히 눈을 감고 있으면, 어느 순간 꿈속 어두운 길목에 붉은 수염을 기른 남자가 나타난다. 그 풍채는 크고, 턱 아래로 내려온 수염은 달빛을 받아 핏빛처럼 번뜩인다. 그는 단호한 목소리로 한마디를 명령하듯 던진다.

"그 무덤을… 파선 안 됩니다."

이불을 움켜쥔 손에 식은땀이 맺히고, 그 목소리는 밤 깊은 시간까지 귓가를 맴돈다. 사람들은 그를 '적염귀(赤髯鬼)'라 부른다.

적염귀는 붉은 수염을 지닌 귀신으로, 주로 꿈속에 나타나 무덤이나 묏자리를 건드리지 말라고 경고한다. 이름 그대로 붉을 '적', 수염 '염', 귀신 '귀' 자를 써서 '붉은 수염을 한 귀신'을 뜻하며, 일부 야담에는 '염홍' 또는 '주연'으로도 기록되어 있다. 그의 메시지를 무시하면, 곧이어 설명할 수 없는 불운이 닥친다. 붉은 수염은 피의 맹세, 분노의 증거, 그리고 반복된 무시의 흔적이다. 전해지길, 본래 그의 수염은 하얗게 희었으나 너무 많은 경고가 거부당하면서 서서히, 피처럼 붉게 물들었다고 한다. 일부 풍수학자들은 그 색을 이렇게 설명한다.
"그건 '혈서(血書)' 같은 것이다. 피로 쓰인 마지막 경고."

묘하게도, 적염귀에 대한 기록은 아주 오래된 문서 속에도 숨어 있다. 19세기 말, 오래된 풍수 필사본에는 이런 문장이 남아 있다고 한다.
"붉은 수염 귀신이 꿈에 나타나 묘를 말릴 때, 이를 어기면 재앙이 따를 것이다."
누가 썼는지는 알려지지 않았다. 다만 묘하게도, 그 문장은 지금도 사람들 입에 오르내리고 있다. 마치 잊고 지나왔던 경고가 세대를 건너 다시 돌아온 것처럼.

그리고 그는 언제나 꿈속에서만 나타나는 것은 아니다. 1997년, 충북 괴산 한 묘지 인근에서 일어난 일이다. 굴삭기를 몰고 작업 중이던 기사는 갑자기 기계를 멈추더니, 말없이 땅을 바라보았다. 순간 그의 팔뚝에는 닭살처럼 소름이 돋았고, 얼굴빛이 창백해졌다. 얼마 지나지 않아 그는 낮게 중얼거렸다.
"땅에서… 사람 냄새가 납니다."
그 말 한마디에 작업은 즉시 중단되었고, 그날 저녁 무렵부터 현장에는 붉은 기운을 띤 해무(海霧)가 서서히 피어올랐다. 그리고 이튿날 새벽, 마을의 개 수십 마리가 일제히 울부짖기 시작했다는 기록도 남아 있다. 적염귀는 어쩌면 지금도, 잠들지 못한 이들의 꿈 너머 어딘가에서 길을 막고 있을지도 모른다.

그렇다면 현대 사례는 어떨까? 1980년대, 국내 재계 거물인 G기업

회장이 경험한 이야기다. 그는 아버지를 위해 명당을 찾았고, 풍수 전문가의 추천을 받아 옮기기로 한다. 하지만 그날 밤, 꿈속에 붉은 수염 남자가 나타나더니 이렇게 경고했다고 한다.

"무덤을 파면… 네 가문에 큰 화가 닥칠 것이다."

그는 꿈에서 본 경고를 대수롭지 않게 넘겼고, 예정대로 작업을 강행하게 됐는데, 이상한 일은 그때부터 시작됐다. 계약은 잇따라 파기됐고, 새로 짓던 공장에선 원인 모를 화재가 난 것이었다. 설상가상으로 그의 가족에게도 연이어 불운이 닥쳤다. 수술을 집도한 의사는 의료사고로 징계를 받았고, 당시 풍수 자문을 맡았던 전문가는 며칠 뒤 예기치 못한 교통사고로 사망했다. 사건을 취재하려던 한 기자도 있었지만, 그의 기사는 결국 세상에 공개되지 못한 채 묻혀버렸다고 전해진다. 그저 언론사의 제지가 있었다는 말만 남게 되었다. 그 일에 대해 훗날 C언론사 사회부의 한 기자는 이렇게 회고했다.

"모든 게 이상했어요… 그런데 결국 기사 한 줄도 못 썼죠."

한때 정점을 찍던 기업이 단 한 번의 경고를 넘긴 대가였다.

적염귀는 무엇을 바라지도, 탓하지도 않는다. 혜택도, 원한도 아닌 마음. 그저 혼란을 틈타 꿈속을 지나간다. 그를 봤다면 아직은 선택지가 남아 있다. 하지만 그 시간이 길지는 않다. 그러니 붉은 수염의 남자가 꿈에 나타나거든, 그 말 한마디도 절대 흘려듣지 말길. 적염귀는 금기의 문턱에서 마지막까지 당신을 지키는 존재임을 기억해야 한다.

적염귀의 금기사항

① 장군이나 권력자의 무덤을 함부로 파거나 옮기지 말 것
② 불의 흔적이 남아 있는 유물을 경솔히 만지지 말 것
③ 피로 맹세한 약속을 어기지 말 것
④ 무고한 피를 흘리는 일을 절대 하지 말 것

· ·

이 네 가지를 어긴 자에겐 반드시, 적염귀가 나타난다. 그리고 그는 단 한 번의 기회만을 허락하며, 언제나 말없이 기다린다. 당신이 금기를 넘는 바로 그 순간을.

그는 망자의 사자가 아니라, 살아 있는 자의 마지막 선(線)이다. 적염귀는 분노하지 않는다. 오직 경고할 뿐이다. 당신이 넘지 말아야 할 그 선 위에서.

하늘과 땅을 가르는 입, 거구귀

"윗입술은 하늘에 닿고, 아랫입술은 땅에 닿는다."

언뜻 들으면 말이 안 되는 이 문장은 어딘가 익숙하면서도 한 번쯤 들어봤을지도 모르는 이상한 느낌을 준다. 입 하나로 천지를 가른다는 괴물이 있다. 바로 거구귀(巨口鬼). '입이 크다'는 뜻을 지닌 이 요괴는 오래전부터 사람들에게 실제로 목격 되어왔다. 그가 모습을 드러낸 곳에선 언제나 이상한 일들이 벌어졌다. 입 하나로 모든 경계를 삼켜버린다는 자, 세상의 균형마저 무너뜨린다는 요괴, 거구귀다.

거구귀는 실제로도 그 이름에 걸맞게 얼굴 전체가 입으로만 이루어진 괴이한 모습을 하고 있다. 눈도 코도 없고, 이마부터 턱까지 이어지는 거대한 입 하나만 달랑 붙어 있다. 그 입은 보고, 듣고, 말하고, 먹는 모든 기능을 대신한다. 길게 늘어진 팔은 무릎 아래까지 내려오고, 손엔 짐승 같은 발톱이 달려 있으며, 피부는 검붉고 끈적하다. 입가에서는 침인지 피인지 모를 액체가 흘러내리고, 숨을 쉴 때마다 이상한 울림이 퍼져 나간다. 마치 온 세상이 거구귀가 숨 쉬는 리듬에 맞춰 떨리는 것처럼.

그는 하늘과 땅의 기운이 충돌하는 틈, 즉 '풍구(風口)'라 불리는 균열 속에서 태어났다고 전해진다. 그래서 거구귀는 무엇을 삼켜도 결코 배부를 수 없는 저주를 안고 태어난 존재다. 그는 공복 그 자체이며, 세상의 결핍이 빚어낸 형상이다. 아무리 먹어도 허기만이 깊어지고, 끝내 그 허기로 인해 미쳐버린다.

거구귀의 실체가 세상에 드러났던 날, 그 기록은 아직 지워지지 않았다. 그것이 언제였는지는 확실치 않지만, 누군가는 분명하게 그 형상을 직접 마주했다고 말했다. 어느 해 여름, 북쪽 산맥이 무너지고 강이 거꾸로 흐르며, 하늘에 먹구름이 삼 일 밤낮을 드리운 적이 있었다. 그즈음, 사람들 사이에 '하늘과 땅을 가르는 입'을 봤다는 목격담이 돌기 시작했다. 군사들이 도착했을 땐 마을 하나가 통째로 사라진 뒤였고, 공식 기록은 남지 않았다. 다만 오래된 고문서에 단 하나의 단어만이 남아 있었다고 한다.

"巨口가 스쳐간 자리, 말도 길도 사라지더라."

거구귀는 그토록 거대한 흔적을 남기지만, 예고 없이 나타나지는 않는다. 그의 발걸음은 세상 어딘가에서 이미 흔들리기 시작한 작은 틈에서 시작된다. 사람들은 말한다.

"어느 날부턴가, 항아리 하나가 이유 없이 터지면 조심해야 한다."

"장독 위에 얹은 돌이 새벽마다 돌아있었다면, 이미 그 기운은 내려온 거다."

"삼일 연속으로 물이 안 끓고 김치 냄새만 피어오르면, 거구귀가 근처를 지나는 중이다."

비가 오지 않는데 문지방이 젖고, 동네 개들이 동시에 입을 다물고 있을 때. 그건 이 세상 기운이 잠시 조용해진다는 뜻이며, 거구귀가 숨을 들이쉬고 있다는 신호다. 무당도, 스님도, 관상가도 말한다.

"거구귀는 눈앞에 나타나기 전, 먼저 당신의 집 냄비 속을 본다."

그러니 혹시 오늘따라 김치 냄새가 유난히 시었다면. 혹시 당신 장독대에 금이 가 있었다면. 어쩌면 그 입은 이미 당신을 향해 벌어지고 있는 중일지 모르니 잘 확인해 보길 바란다.

무기마저 통하지 않던 존재를 멈춰 세운 건 뜻밖에도 한 요리사의 음식이었다. 조선의 궁중 요리사 김장금. 그녀는 어명을 받고 거구귀를 위한 마지막 상차림을 준비했다. 절에 들어가 기도하던 중, 오래된 장독대에서 묵은 김치를 발견한 장금은 직감했다.

"분명 이것이라면, 그 입맛을 움직일 수 있을지도 몰라."

묵은 김치, 해무에 절인 해산물, 칠흑 같은 된장 뼈찜 모두 시간이 만든 맛이었다. 병사들이 숨을 죽이는 가운데, 장금은 거구귀 앞에 나아가 말했다.

"음식을 준비했으니, 맛이나 보고 가시지요."

거구귀는 병사들을 향해 입을 벌리다 말고, 고개를 돌렸다. 냄새를 맡고는 천천히 장금이 내온 음식 쪽으로 다가갔다. 그러곤 조심스럽게 한입, 또 한입 먹기 시작했다. 무시무시하던 입은 어느새 조용히 닫혔다. 그날 이후로 그는 더 이상 사람을 해치지 않았다고 전해진다. 다만 해마다 그날이 되면, 궁문 앞에 홀연히 나타나 묵은 김치 한 접시를 기다릴 뿐이다.

거구귀에 관한 옛 기록들과 그를 마주했다는 사람들의 이야기는 대부분 사라졌다. 하지만 거구귀는 유사 이래 늘 인간 곁에서 숨 쉬며 살아 있었다. 우리가 그의 존재를 눈치채지 못한 건 그가 스스로 모습을 감췄기 때문이다. 눈에 띄지 않겠다고 마음먹은 존재는, 수천 년을 조용히 숨을 죽인 채 어둠 속에 머물 수 있다. 땅이 흔들리고, 굶주림의 기운이 감돌기 시작하면 그는 다시 고개를 들지도 모른다. 그리고 영성이 발달한 이들은 말한다. 지금도 아주 드물게 그를 '느꼈다'고.

"그 입은 무섭지만, 완전히 닫힌 건 아니야. 아직도 무언가를 기다리고 있을 뿐이지."

지금 당신 부엌에서 나는 평범한 저녁 냄새. 그 냄새가 어쩌면 거구귀의 코끝을 스쳤는지도 모른다. 그리고 오늘 밤에 그 끝없는 허기를 지닌 입이 조용히 당신 집 앞까지 다가올 수 있다.

세상의 허기를 삼키는 존재, 거구귀. 하지만 단 한 번 그 입이 조용히 닫힌 적이 있다. 그날 장금이 올린 다섯 가지 음식은 시간이 만든 맛이었고, 기억을 불러오는 식감이었다고 전해진다.

·················· ✹ ··················
거구귀가 유일하게 입을 닫은 다섯 가지 음식

① **우엉 조청절임: 중부지방 노파의 손맛**
충청 일대의 어느 시골집 노모가 마지막까지 손에서 놓지 않았던 음식이다. 우엉을 다듬어 조청에 절이기까지 꼬박 사흘, 그 맛은 달지 않고 쓰며, 무겁고 끈적하다. 조선 중기 어느 역병 시기, 이 음식 앞에서 거구귀가 첫 침묵을 지켰다고 전해진다.
"죽은 자의 이름이 배어 있는 맛 앞에선, 귀신조차 말문을 닫는다."

② 잿물에 헹군 칡떡: 전북 남원의 장례상 위에 올랐던 떡
뿌리째 캐낸 칡을 찧어 만든 이 떡은 유독 씹을수록 흙냄새가 난다. 옛 남원 지역에선 어린 자식을 잃은 어머니들이 '말을 삼키는 떡'이라 불렀다. 실제로 어느 장례상에 올라온 이 칡떡을 입에 댄 거구귀는 오랫동안 숟가락을 움직이지 못했다고 한다.
"이 떡엔 아직 흙으로 돌아가지 못한 말들이 남아 있다."

③ 검은깨 된장무침: '말 없는 집'의 저녁 반찬
경북의 한 외딴 집에서는 매해 정초가 되면 이 반찬을 올린다. 말이 멎은 집, 웃음이 끊긴 저녁 식탁. 검은깨와 된장의 쓴맛은 혀보다 기억을 먼저 덮는다. 어느 해 정월, 거구귀가 들른 그 집에서는 며칠째 아무런 소리도 들리지 않았다고 한다.
"그 무침 앞에서 거구귀는 말소리를 삼켰다."

④ 누룽지국: 돌아오지 못한 자를 위한 술상 밑국
남도의 해안마을에서는 실종자나 돌아오지 못한 가족을 위한 밥상에 꼭 누룽지국을 올렸다. 밥물의 쓴 탄내와 눌린 쌀알의 식감은 그리움의 끝에서 나오는 맛이다. 거구귀는 이 국을 넘기려다 끝내 체했다고 전해진다.
"누룽지 냄새에선 기다림이 눌어붙어 있었다."

⑤ 기름에 무친 미나리: 할 말을 삼킨 사람들의 채소
미나리는 흔한 식재료지만, 기름에 무쳐 오래 절이면 유난히 눅눅하고 숨이 죽는다. 충청의 한 폐가에서 이 반찬이 상 위에 그대로 남겨진 채 발견된 적 있다. 며칠 전, 거구귀를 보았다는 사람이 살

던 집이었다.

"그날 이후, 거구귀는 된장 냄새만 맡아도 말문을 닫는다는 전설이 생겨났다."

···

이 다섯 가지 음식은 전해지는 바에 따르면 거구귀가 처음이자 유일하게 입을 다문 순간에 놓여 있었다. 말없이 오래 씹어야 하고, 한 입만으로 속이 따뜻해지는 것들. 과하지도, 모자라지도 않은 그 맛 앞에서 그는 아무 말도 하지 않았다.

신숙주(申叔舟)의 유고본 중 일부는 현재까지 전해지지 않는다. 그러나 어느 필사본 뒷장에는 다음과 같은 수기(手記)가 남겨져 있었다고 한다.

"말보다 느린 음식, 식감이 기억을 붙잡는다. 혀가 묵으면 입은 침묵한다. 허기를 미루면 입은 거짓을 토하고, 배가 기억을 먹을 때, 사람은 진실을 잃는다."

이 문장은 당시 궁중의 기록관들이 '거구귀(巨口鬼)'를 처음 언급한 시기와 겹친다. 일부 전언에 따르면, 이는 신숙주 본인이 거구귀와 마주한 밤을 기록한 단락이었을지도 모른다. 이후, 거구귀는 더 이상 사람 앞에 모습을 드러내지 않았다. 다만 해마다 같은 날, 조용히 궁문 앞에 나타났다고 한다. 그는 말 없이 자신에게 음식을 내어준 단 한 사람의 손맛을 묵묵히 기다렸다. 침묵을 허락받은 존재처럼 그는 그 음식 앞에서만 조용해졌다.

그 다섯 가지 음식은 오래된 궁중 문서와 조리서, 그리고 입에서 입으로 전해진 말들을 통해 지금까지 일부 복원되어 있다. 지금도 해마다 그날이 되면 궁 앞에서 발걸음을 멈추는 이들이 있다. 혹시 오늘이 그날일지도 모른다. 지금 당신 부엌에서 피어나는 그 냄새가 어쩌면 그가 잊지 못한 '입맛'을 다시 깨우고 있을지도 모르니까.

가장 어두운 밤, 가장 선명한 불, 도깨비불

밤길을 걷다 보면, 가끔 설명할 수 없는 빛을 만나게 되는 경우가 있다. 정체는 도깨비불(鬼火). 이름 그대로 '도깨비가 낸 불'이라 하지만, 그건 단지 이름에 불과했다. 그 불빛은 이상하게도 설명할 수 없는 이야기들과 함께 따라왔고, 이유 없는 현상들을 품고 있었다. 잡히지 않고, 가까이 갈수록 멀어지는 불빛. 사람들은 오래전부터 그 불을 이렇게 불렀다. 도깨비가 남긴 장난.

실제로 본 사람은 많지 않지만 이상하리만큼 전국 어디에서나 목격담이 존재한다. 산길, 무덤가, 늪지대, 외딴 논두렁. 사람들이 잘 다니지 않는 그러나 오래된 무언가가 있는 곳.

사람들은 도깨비불을 귀신의 불, 망자의 숨결, 잊힌 혼이라 부른다. 그 푸른 불빛은 바람을 타고 천천히 움직이며, 어떤 이들에겐 말을 걸 듯 따라오기도 한다. 그래서 예로부터 도깨비불을 따라가면 돌아오지 못한다는 금기가 있었다.

"불을 따라가면 안 된다. 넋을 잃고 끌려가게 된다."

이 말을 떠도는 말, 그저 그런 미신으로 치부할 수 없는 이유가 있다. 실제로 과거에는 실종된 사람들의 마지막 목격담이 "푸른 불빛을 따라갔다"는 증언으로 끝나는 경우가 간혹 있었기 때문이다. 도깨비불이 흥미로운 이유는 바로 여기에 있다. 전설이라 넘기기엔 이상하리만큼 현실의 사례들과 설명되지 않는 물리 현상이 겹쳐 있다는 것.

일각에선 도깨비불에 대해 과학적으로 설명하려 한다. 무덤 속 시신의 뼈에서 방출된 인(燐)이 공기 중에서 산화되며, 파랗고 흐릿한 불꽃이 피어오른다는 것이라고 했으며, 어떤 이들은 늪지에서 발생한 메탄가스가 자연 발화해 생긴 현상이라 했다. 또 다른 이들은 대기 중 전류의 교란, 즉 '세인트 엘모의 불'과 같은 자연 방전 현상으로 보기도 했다.

이런 설명은 분명 과학적이다. 그러나 이상한 건, 왜 그 불은 항상 무덤 근처에서 자주 목격되고, 왜 그 불을 본 사람들은 이상한 소리를 들었다고 증언하며, 심지어는 혼잣말을 들은 것 같다고 이야기하는 걸까? 이를 단순한 자연 현상이라 하기엔 도깨비불이 남긴 흔적은 너무 감정적이고, 너무 오래도록 반복된다.

경상도에서는 도깨비불을 '혼불'이라고 부르며, 누군가의 죽음이 임박했을 때 나타나는 신호라고 여긴다. 전라도의 일부 지역에서는 무덤가에 자주 보이는 불빛을 '고인의 마지막 숨결'이라 믿으며, 아이들이 그 근처를 돌아다니면 안 된다고 훈계하기도 한다.

충청 북부 지역에서는 도깨비불이 나타나기 전, "개가 짧게 세 번 짖고, 바람 한 점 없는데 문풍지가 울린다"는 전조가 전해진다. 실제로 그 마을에서는 1980년대에도 이상한 사건이 있었는데, 그건 도깨비불을 따라나선 중학생이 흔적 없이 사라진 것이다. 당시 수사 기록에는 이런 문장이 남아 있었다.

"가족 진술에 따르면, 실종자는 '불빛이 예뻐서 따라가 보겠다'며 집을 나섰다고 함."

이런 전승은 신화 이상의 의미를 지니며, 도깨비불이 사람들의 생과 사에 직접 영향을 주던 존재였음을 드러낸다.

도깨비불을 피하기 위해, 조상들이 만든 민간 풍습

① 무덤 근처에서는 말을 아끼고, 소리를 내지 말 것
② 푸른 불빛을 보면 뒤를 돌아보지 말 것
③ 도깨비불을 본 후에는 집 안의 촛불을 끄고, 뒷문을 꼭 닫아야 할 것

그리고 사람들 사이에 전해 내려오는 오래된 속설이 하나 있다.
"도깨비불은 길 잃은 혼이 낸 불이니, 그 불을 따라가면 다시 돌아오지 못한다."

누군가는 깊은 산속에서, 또 누군가는 들판 끝자락에서 그 푸른 불빛을 봤다고 말한다. 하지만 살아 돌아온 사람들은 하나같이 입을 다물고 그 어떠한 말도 하지 않는다. 그리고 그날 이후로 다시는 밤길을 걷지 않는다고 한다.

도깨비불은 어쩌면 과학적으로 설명할 수 있는 현상일지도 모른다. 하지만 그것을 직접 본 이들의 증언은 전혀 다르다.

"그건… 그냥 불이 아니었어요. 더 이상은… 말하고 싶지 않아요."

도깨비불은 어쩌면 이 세상에 생긴 아주 작은 '틈'인지도 모르겠다. 누군가의 한, 혹은 끝내 지나가지 못한 감정이 남아 맴도는 자리. 그래서일까. 누군가는 그 불을 보고 울었고, 누군가는 조용히 그 뒤를 따라갔다. 오늘 밤, 당신 창밖에도 작은 푸른 불빛이 떠다닌다면, 그건 단지 아름다운 풍경이 아니라, 아직 이 세상 어딘가에 머물고 있는 정리되지 못한 감정의 조각일지도 모른다.

그러니 절대, 따라가지 말 것. 말을 걸지도 말 것. 무엇보다, 등을 보이지 말 것. 마지막으로, 이 모든 경고를 잊지 말 것.

그런 경고가 괜히 생겨난 건 아니다. 한쪽에선 이런 이야기도 전해진다. 어느 밤, 도깨비불을 따라간 사내가 있었다. 불빛은 그를 한 무덤 앞으로 이끌었고, 그 앞에는 이미 세상을 떠난 그의 어머니가 서 있었다.

"불을 따라가면 안 된다."

어머니는 금가락지 하나를 건네며 말했다.

"묘를 떠나지 못할 거면, 없애버려라."

사내는 돌아오는 길에 다시 불빛에 가로막혀 버리게 됐고, 망설임 끝에 금가락지를 던지자, 불길 속에서 도깨비가 모습을 드러냈다. 붉은 이빨을 드러낸 도깨비가 천천히 말했다.

"산 자가 저승에 다녀가면, 내 체면이 서질 않지."

그리고 그날 새벽이 되었을 때, 사내는 어머니의 묘 앞에서 눈을 떴다. 손에는 아무것도 남아 있지 않았다. 도깨비불은 불이라기보단, 이승을 떠나지 못한 누군가가 마음속에서 타고 있는 것 같았다. 어쩌면 죽은 이의 그림자가 이승을 떠돌며 남긴 마지막 흔적일지도 모른다.

도깨비불에 얽힌 다섯 가지 전설

① 도깨비불은 도깨비가 들고 다니는 등불이다.
　사람이 잠든 깊은 밤, 도깨비는 스스로 만든 등불을 들고 세상을 돌아다닌다고 한다. 그 불빛은 어둠 속에서 깜빡이며 도깨비의 발걸음을 인도한다.

② 도깨비불을 따라가면 도깨비가 숨겨놓은 보물을 찾을 수 있다.
　불빛이 멈춘 자리에 오래전 묻힌 금은보화가 숨겨져 있다는 전승도 있다. 다만, 그 보물은 누구에게나 허락된 것은 아니다.

③ 도깨비불을 따라가면 홀려서 돌아오지 못한다.
　불빛은 종종 사람의 정신을 흐리게 만든다. 따라가다 보면 길을 잃거나, 아예 자신이 누구였는지도 잊게 된다는 말이 있다.

④ 도깨비불이 머무는 자리는 장소는 성스러운 공간이다.
　무덤 주변, 오래된 나무 밑, 아무도 밟지 않은 돌계단 위… 도깨비불은 종종 사람의 발길이 닿지 않아야 할 공간에 머문다. 그 자리는 흔히 이승과 저승이 스치는 틈으로 여겨진다.

⑤ 도깨비불은 이승과 저승을 잇는 다리 역할을 한다.
　불빛은 이승에서 길을 잃은 혼이 저승으로 가는 길목을 비춘다고도 한다. 때로는 죽은 자의 기척이 불빛으로 남아, 남겨진 사람 곁을 서성이는 것일지도 모른다.

　　　　· ·

도깨비불에 얽힌 전설과 믿음은 무척 다양하다. 그 빛을 굳이 '불'이라고 부르지 않았던 데엔 다 이유가 있다. 도깨비불은 죽은 자의 한기가 피워낸 불이라며 사람들은 말하곤 했다.

무덤 위에 그 불이 떠오르면, 아직 떠나지 못한 혼이 머물고 있다는 뜻이다. 그 불빛은 가끔 한 줄기였고, 때로는 세 줄기로 나뉘어 일렁였다. 한 줄기는 외로이 남은 혼, 세 줄기는 누군가를 데리러 온 무리. 어떤 지관은 도깨비불이 머무는 자리를 생기(生氣)와 사기(死氣)가 충돌하는 틈이라고 부르기도 했다.

오래된 무덤, 겨울에도 김이 서리는 늪지, 밤마다 이슬 맺히는 돌계단 위 그런 곳에 도깨비불은 자주 떠 있었다. 그 불에 손을 댄 이도 있다. 열도 없고 냄새도 없지만 손바닥엔 젖은 숯 같은 자국이 남았다. 몇 시간 후엔 사라졌지만 어떤 이는 그 뒤로 손톱이 빠졌다고도 전해진다. 심지어 꿈속에서도 도깨비불은 사람을 찾아온다. 불빛을 따라 걷는 꿈을 꾼 뒤, 사고를 당하거나 병을 얻은 사람의 이야기도 있다. 그래서 옛사람들은 말조차 아꼈다.

"도깨비불을 봤다는 말… 낮에는 하지 마라."

그 불빛은 낮보다 밤을 좋아하고, 말보다 침묵을 더 잘 따라오기 때문이었다. 도깨비불은 불처럼 보일 뿐, 불이 아니다. 그것은 어쩌면 살아 있는 자의 마음속에 아직 떠나지 못한 죽은 이의 그림자일지도 모른다. 그러니 누군가를 마음속에서 떠나보내지 못한 당신이라면, 오늘 밤 도깨비불을 따라가지 말아야 한다. 그 불빛은 길을 인도하는 것이 아니라 당신을 데려가려는 것일 수 있으니까.

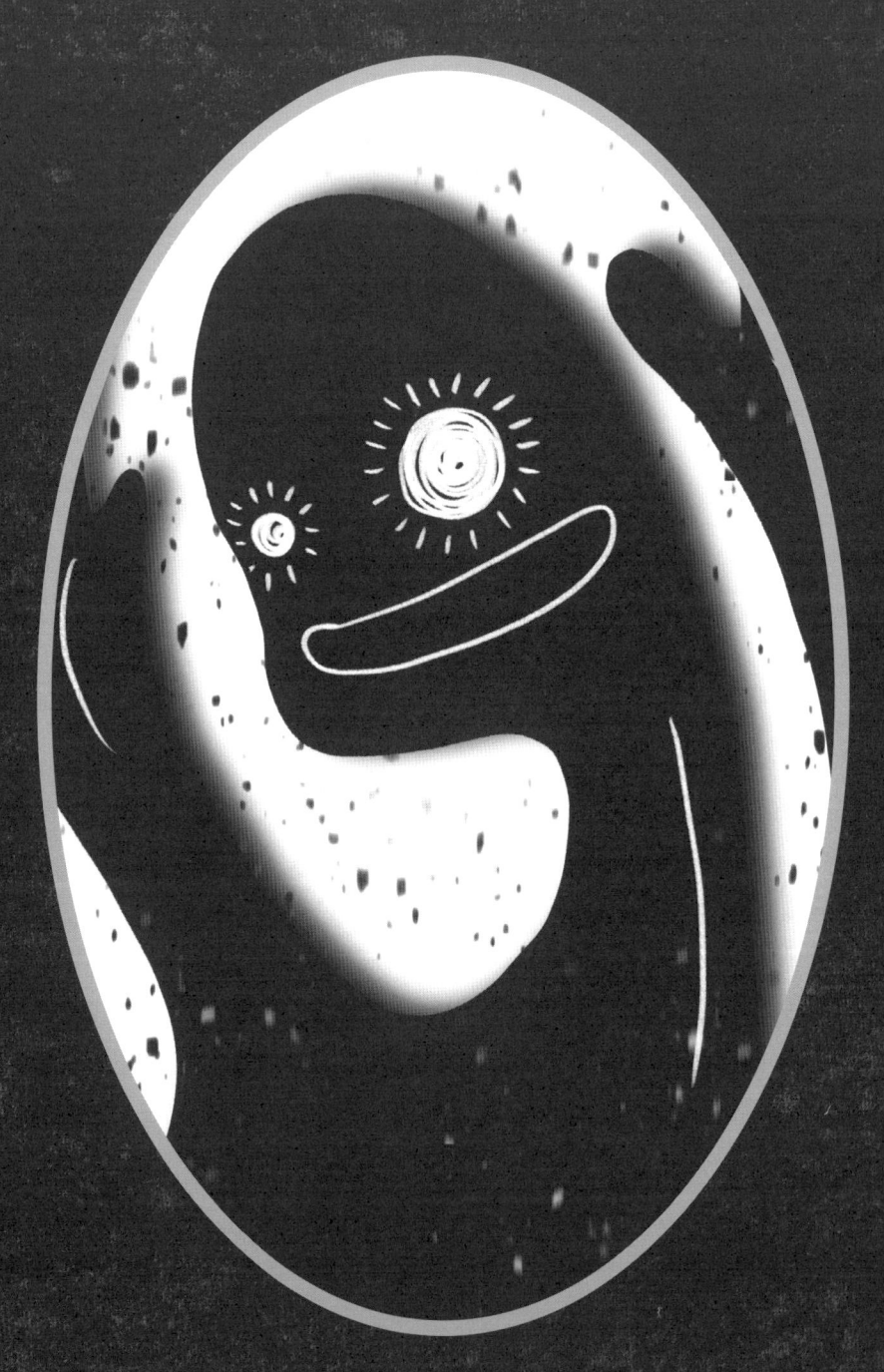

어둠이 시작될 때 나타난다, 어둑시니

해가 저물고, 아직 방 안의 불은 켜지지 않은 시간. 방 안은 그렇게 어둡지도 않은데 괜히 어딘가 낯설고, 섬뜩한 기분이 들 때가 있다. 그 어스름한 틈, 바로 그때 어둑시니가 다녀가는 것이다. '어둑하다'는 말에서 유래된 이 존재는 빛이 닿지 않는 가장 음습한 자리에 머문다. 정확한 형체는 없지만, 사람들은 전국 곳곳에서 그림자가 아닌 존재가 스쳐 간다는 이야기를 남겼다. 그리고 그 어둠은 아직도 사라지지 않았다.

"방향도 없고 소리도 없었는데, 느껴졌어. 분명히."

제주도에서는 어둑시니를 '눈이 멀게 하는 어둠의 기운'으로 여긴다. 아이들이 늦게까지 바깥에서 놀고 있으면, 어른들은 으레 이렇게 말했다.

"해 지기 전에 얼른 들어와라. 어둑시니랑 눈 마주치면, 실눈 된다."

실제로 제주의 오름이나 숲길에서는 지금도 일몰 직전, 낯선 기척을 느꼈다는 이야기가 이어진다. 경상북도 문경의 산악지방에서도 "어둑시니는 사람을 산길에서 빙빙 돌게 만든다"는 전승이 있는데. '귀신의 길'이라 불리는 그 구간을 돌고 도는 동안, 사람들은 늘 같은 바위와 나무를 다시 마주치게 된다고 한다.

"그땐 말도 하지 말고, 뒤도 보지 마라. 신발 끈부터 다시 묶어."

어쩌면 그건 어둑시니가 당신을 살피고 있다는 신호일지 모르니까.

과학적으로 어둑시니의 존재를 설명하려는 시도도 없었던 것 아니다. 심리학자들은 '황혼 환각(Twilight Hallucination)'이라는 개념을 언급했는데, 이는 눈이 어둠에 적응하지 못할 때, 뇌가 허상을 만들어 낸다는 이론을 말한다. 하지만 설명되지 않는 것이 있다. 왜 그 그림자는 늘 '사람 형체'였는지. 왜 바람 한 점 없는 밤에 '움직였다'는 증언이 반복되는지.

"그림자인데도 눈빛이 있었어."

"아무도 없는데, 누가 나를 보고 있다는 느낌."

그건 착시가 아니라, '기척'이다. 어둠이 깃든 자리에 누군가 있다는 설명할 수 없는 그런 감각 말이다.

실제로 그 어둠을 지나친 이도 있다. 한 여자가 겪은 어느 기묘한 날의 이야기다. 늦은 밤, 외진 도로를 달리던 한 여자가 있다. 빛이라곤 오직 헤드라이트뿐. 그런데 이상했다. 방금 지나친 풍경이 또다시 눈앞에 펼쳐졌기 때문이다.

'경로를 이탈하였습니다.'

내비게이션은 같은 말만 반복했고, 핸들이 저절로 흔들리기 시작하는 것이었다. 차는 그녀가 모르는 방향으로 미끄러지듯 달렸다. 끝내 도착한 곳은 사람 없는 강가. 그녀는 후레시를 들어 불빛을 비췄고, 그제야 민가 하나가 보였다. 그 집의 노인이 조용히 말했다.

"어둑시니에게 홀린 거지."

그리고 덧붙였다.

"그 자식은 공포를 먹고 살아. 겁을 먹을수록 점점 더 강해지거든."

충청도 어느 마을에서는 1970년대 중반까지도 '어둑시니와 눈이 마주치면 아이가 말을 더듬는다'는 금기가 믿어졌다고 한다. 그리고 실제로, 해가 진 저녁 무렵 사라진 아이가 다음 날 저수지 근처에서 발견된 일이 있었다.

"누가 뒤에서 따라오고 있었는데, 돌아보니까 아무도 없었어요. 계속 따라오는 기분이 드니까 겁이 나서 뛰었어요."

그 일을 계기로 마을에서는 겁에 질린 아이의 발을 소금물로 닦아 주는 풍습이 생겼다. 어둑시니의 기운은 그렇게 씻겨 내리는 것이라 믿었던 것이다.

그렇다면 과연, 어둑시니가 원하는 건 무엇일까? 어둑시니는 해를 딱 삼킨 어둠의 첫 틈에만 나타난다. 어두운 것이 아니라 '아직 어두워지기 전'의 시간. 그 모호하고 낯선 틈에서 사람들은 이유 없이 조용해진다. 실제로 당신도 지금 잠깐 정적 속에 멈춰 있다면… 혹시 어둑시니가 당신 옆을 지나간 건 아닐까? 어둑시니는 아무 소리도 없이 다가온다. 그리고 그저 기다릴 뿐이다. 당신 마음에 두려움이 피어나고, 그 두려움이 몸 안을 천천히 잠식하길. 때가 오는 순간에, 당신을 집어삼키기 위해.

하지만 아주 작고 간단한 준비만으로도 그를 물리칠 수 있는 방법이 있다. 그러니 혹시라도 그와 마주치게 된다면, 다음의 몇 가지를 반드시 기억해 두자.

········· ✦ ·········
어둑시니와 마주쳤을 때, 당신이 해야 할 일

① 소금
반드시 헝겊에 감싸 몸에 품고 다녀야 한다. 그 냄새가 사라지는 순간, 어둑시니가 따라붙기 때문이다.

② 빛
후레시든, 라이터든, 휴대폰 플래시든… 꺼뜨리면 안 된다. 빛이 사라지는 그 찰나, 그는 틈을 타 들어오기 때문이다.

③ 피해야 할 장소
인적 끊긴 골목 / 빛이 닿지 않는 산길 / 물안개 낀 폭포 아래 / 가로등 꺼진 터널 / 그리고, 한밤중 당신의 방, 침대 밑
··

어둑시니는 흔적을 남기지 않는다. 다만, 아주 드물게… 그가 머물다 간 자리엔 설명할 수 없는 낯섦이 감돌기도 한다. 눈으론 보이지 않아도, 이상하게 마음이 먼저 알아챈다. 그 자리를 떠난 뒤에도, 어딘가가 어긋난 느낌이 오래 남는다.

························· ·················

어둑시니가 다녀간 흔적

① 형광등이 이유 없이 깜빡일 때
② 거울 속 눈빛이 어긋날 때
③ 먼지가 쌓이지 않은 구석이 있을 때
④ 자고 나면 기억나지 않는 낯선 꿈이 계속 맴돌 때

···

오작동인 줄 알았다면, 착각일 수 있다. 어둑시니는 자취를 남기지 않지만, 기척은 피우고 간다. 그는 어둠보다 더 깊은 곳, 당신 마음 안쪽에 자리를 잡고 자란다. 불안과 두려움을 먹고, 조용히 몸집을 키운다. 그러니 기억해라. 그가 진짜로 두려워하는 건 눈부신 빛도, 소금도 아니다. 바로, 눈을 피하지 않는 사람. 어둑시니는 그 눈앞에서만 비로소 움찔한다.

신발만 노리는, 야광귀

"섣달그믐부터 정월대보름까지, 신발을 밖에 두지 말 것."

해는 일찍 지고 차가운 공기만이 문틈으로 스며들어 오는 어느 한겨울 밤. 어둠 속에서 무언가가 집 근처를 걸어 다닌다. 소리도, 그림자도 없이. 하지만 '느껴지는' 존재가 있는 건 분명하다. 키는 130센티쯤, 작고 이상한 형체. 색동 저고리를 입은 채 삐뚤어진 얼굴과 툭 튀어나온 눈, 길고 휘어진 손가락은 늘 무언가를 셈하듯 꼼지락거린다. 그의 이름은 야광귀. 사람들은 그를 '신발 귀신'이라 부르기도 한다.

야광귀는 섣달그믐부터 정월대보름 전후까지 여러 집의 마당을 돌아다닌다. 왜냐고? 자기 발에 맞는 신발을 찾기 위해서. 그 신을 신고, 다시 하늘로 돌아가기 위해서. 문제는 신발을 야광귀가 가져가면, 그 신발의 주인은 그 해 내내 액운이 따른다는 믿음이 있다는 것이다. 그래서 사람들은 그 시기가 되면 아이들의 신발을 방 안 깊숙이 숨기고, 문 앞에는 '체'(가루를 거르는 도구)를 걸어두곤 한다.

그렇다면 왜 하필 체일까? 야광귀는 어리석지만, 동시에 고집스러

운 성격의 소유자기도 하다. 체의 촘촘한 구멍을 세다가 멈추지 못하고

"하나, 둘, 셋, 넷… 하나, 둘, 셋, 넷…"

계속 셈을 반복하다가 날이 밝아버리는 일이 빈번한데, 그는 닭이 울기 전까지 신발에 손도 대지 못한다. 결국 신발은 무슨, 부랴부랴 하늘로 도망치기 바쁘다. 그 모습을 본 누군가는 비웃으며 말한다.

"야광귀는 그냥 고집불통에 어리석은 귀신이야. 신발도 못 맞춰보고 돌아가잖아?"

신발은 단순한 의류나 악세사리가 아닌, 우리가 어디를 걷고, 어떤 길을 지나왔는지를 가장 가까이에서 함께해 온 물건. 그래서 옛사람들은 신발을 '나'로 여겼다. 신발을 잃는다는 건, 내가 누구였는지, 어디를 향하고 있었는지를 잃는다는 말과 같았다. 땅과 사람 사이를 이어주는 다리이자, 발 아래 남은 기억을 붙잡아두는 유일한 물건.

야광귀는 바로 그 틈을 노린다. 신발을 숨기거나, 슬쩍 가져가며 사람의 일상 균형을 어지럽히는 것. 처음엔 신발 한 짝이 사라지고, 며칠 지나면 방향 감각이 흐려지고, 결국엔 돌아가야 할 '자리'까지 잃게 된다. 해가 바뀌는 시기, 그래서 옛사람들은 늘 말하곤 했다.

"신발부터 챙겨라. 그래야 올해를 무사히 지나간다."

한 시인은 생전에 일기장에 이런 말을 남겼다.

"내가 신발을 버린 게 아니라, 신발이 나를 버렸다."

그 문장은 훗날 유고시집에 실렸고, 〈신발론〉이라는 제목으로 문예지에도 실렸다. 사람들은 그 시를 곱씹으며 수군거렸다. 신발은 발밑에 있는 또 다른 나라고. 그러니 신발이 사라졌다는 건, 어쩌면 내가 나 자신을 잃어버렸다는 뜻일지도 모른다. 누구는 그 시인이 죽기 전

마지막으로 찾은 게 오래된 운동화 한 짝이었다고도 했다. 그 신발은 현관 앞이 아니라, 꿈속에서 처음 발견되었다고 한다.

그래서 야광귀는 신발을 노린다. 눈에 띄지도, 소리 내지도 않는다. 다만 당신이 잠든 사이, 문 앞에 놓인 신발을 슬며시 가져갈 뿐이다. 어느 날 신발의 방향이 이상하게 바뀌어 있거나, 집 안에 묘하게 낯선 기운이 감돈다면 그건 단순한 착각만은 아닐지 모른다. 섣달그믐부터 정월 대보름까지, 야광귀는 어둠 속을 떠돌며 발자국을 고른다. 올해는, 신발부터 잘 챙겨라. 야광귀는 언제나 발끝부터 당신을 데려간다.

'야광귀'라는 이름은 비교적 최근에 붙여진 것이다. 이름이 생기기 전, 옛사람들은 그를 '신발귀' 혹은 '빛귀'라 불렀다. 그러던 1940년대, 미군 물자를 통해 '야광'이라는 개념이 알려지면서 사람들은 어두운 데서 기묘하게 반짝이는 그 존재에 '야광귀'라는 이름을 붙이기 시작한 것이다.

"어두운데 빛나고, 이상하게 반짝였어요."

누군가는 야광공을 주운 뒤로 신발이 하나둘 사라졌고, 또 누군가는 마루 밑에서 빛나는 무언가를 본 뒤 이유 없이 열이 오르고 몸이 붓기 시작했다고 한다. 그때부터 사람들은 스스로 빛을 내며 다가오는 그 존재를 '야광귀'라 불렀다.

강원도 평창에서는 실제로 야광귀가 내려오는 밤이면 마당에 체를 걸고, 아이 신발을 베개 밑에 숨겼다는 풍속이 전해진다. 그 집 외할머니는 늘 말했다.

"신발 뺏기면 정신도 따라가는 거야. 새해 첫 발걸음을 남한테 맡기면 안 돼."

그 말이 이상하게 마음에 걸려 그 집 손주는 지금도 정월대보름이면 신발을 꺼내기 전 조용히 숨을 고른다.

이와 관련해 서울 은평구 불광동에서도 몇 해 전 이상한 일이 있었다. 섣달그믐 저녁, 한 가족이 전신주 수리를 위해 바깥에 두었던 운동화 한 켤레가 사라졌다. 그날 밤부터 아이는 이유 모를 고열에 시달리기 시작했고, 나흘 뒤쯤 운동화는 뜻밖에도 먼 공원 벤치 아래에서 발견되었다. 신발 끈은 묘하게 끊어져 있었고, 흙도 묻지 않은 채 그대로였다. 그 일 이후 그 가족은 해마다 체를 꺼내 현관 옆에 걸어두기 시작했다고 한다.
"말도 안 되는 얘기지만, 그해엔 뭔가 찝찝했어."

이상하게도, 음력 1월 16일 전후가 되면 수도권 곳곳에서도 신발이 사라졌다는 이야기가 들려오곤 한다. 어느 대학 기숙사 복도 끝에서 야광 빛을 봤다는 학생도 있었고, 밤 산책 중 슬리퍼 한 짝이 사라졌다는 이야기도 있다. 정월대보름이 지나고서야 비로소 조용해졌다는 점은 지금까지도 변함없이 이어지고 있다. 그래서일까. 요즘은 체 대신 반짝이는 금속 장식이나 작은 거울을 현관에 다는 이들도 늘고 있다. 야광귀는 반짝이는 것에 끌리는 습성이 있어, 그쪽으로 시선을 돌린다고 믿기 때문이다. 또, 신발 안에 자기 이름을 적은 종이를 함께 넣어두면 야광귀가 그 신발을 '누군가의 것'이라 여겨 손대지 못한다고도 한다.

야광귀는 무섭다기보다는, 묘하게 우습고 우습다기엔 섬뜩하다. 신을 훔치고, 숫자를 세고, 체 앞에서 발을 멈추는 이 귀신. 그 모습은 마치, '지나간 해의 액운' 같기도 하다. 지금도 우리는 새해를 앞두고, 신발을 안으로 들이고 문밖엔 체를 걸며 조용히 빈다.

"올해는, 야광귀가 나를 모르고 지나가기를."

그러니 올해도 문 앞에 체 하나쯤 걸어두는 건 어떨까. 오래전부터 전해 내려온 풍속을 한 번쯤 따라 해보는 것도 나쁘지 않다. 야광귀를 피하기 위해 사람들이 몰래 해오던 작은 습관들. 어쩌면 단지 소문일 뿐일지도 모른다. 하지만, 그런 이야기들이 때로는 우리를 지켜주는 마지막 경계가 되어줄 수도 있다.

정월대보름 전날, 야광귀를 쫓기 위해 행하던 풍속들

① **맵고 독한 냄새를 피울 것**
마늘, 고추, 말린 생강을 불에 태워 연기를 만든다. 야광귀는 그 연기 속에서 숨을 쉴 수 없다고 했다.

② **방아를 찧을 것**
귀신의 머리를 짓눌러 땅에 박아둔다는 뜻. 그래서 마을마다, 밤늦게까지 '쿵, 쿵' 소리가 끊이지 않았다.

③ **칼을 문 앞에 세울 것**
날이 선 금속 앞에서는 귀신이 지나가지 못한다고 믿었다. 그날만큼은, 부엌칼도 문지방에 꽂아 두었다.

④ **머리카락을 태울 것**

자른 머리카락을 모아 조용히 불에 그슬린다. 사람의 정기가 담긴 그 연기 앞에서는, 귀신조차 뒷걸음질 쳤다.

···

지금도 야광귀는 존재할까? 정월대보름이 지나고, 마을을 떠돌던 그 귀신은 정말 하늘로 사라졌을까? 이상한 이야기는 아직도 끊이지 않는다. 서울 모 대학 기숙사, 후암동의 낡은 원룸, 신축 아파트의 신발장, 야간 공원 끝자락 어딘가에서 늘 한 짝만 사라졌다는 것. 끈이 풀린 적도 없고, 흙조차 묻지 않은 채 그대로였다는 것. 도대체 누가 그 신발을 가져간 걸까. 아니, 정말 '누군가'가 있었던 걸까?

그러니 혹시 오늘 밤, 현관 앞에 놓인 신발 한 켤레가 유난히 조용해 보인다면, 잠시 멈춰 확인해 보자. 그 안에 아직 당신의 이름이 남아 있는지. 올해만큼은, 그 신발을 꼭 지킬 수 있기를.

제주도 바람 따라 떠도는 혼령, 그슨새

제주도는 언제나 그렇듯 사람보다 바람이 먼저 잠에서 깬다. 낮보다 밤이 더 깊은 섬 어귀에는, 오래전부터 떠도는 존재 하나가 있다. 그 이름은 '그슨새'. 그슨새는 어둠 속에서만 오는 존재라 생각하기 쉽다. 하지만 그는 낮에도, 해가 떠 있는 시간에도, 사람의 그림자가 가장 짙게 드리우는 순간 바로 그 틈을 타고 찾아온다. 제주 사람들은 오래전부터, 누구보다 먼저 이 존재를 알고 있었다. 밭일을 하던 농부가 뜨거운 햇살 아래서 느닷없이 쓰러졌을 때, 해안길을 걷던 이가 이유 없이 숨을 거두었을 때, 사람들은 고개를 끄덕이며 조용히 중얼거렸다.

"그슨새가 다녀간 거야."

이상했다. 귀신이란 으레 밤에 오는 존재라 믿어왔던 우리에게, 그슨새는 한낮에도 날아드는 어둠이었다. 도롱이처럼 생긴 낡은 옷, '주저리'라 불리는 우장을 뒤집어쓴 형체. 그는 절대 앞서지 않는다. 항상 그림자처럼 뒤를 밟는다. 소리도 없고, 숨결도 없다. 그슨새는 언제나 혼자 있는 자만을 택하기 때문이다. 외딴 밭, 사람이 떠난 빈집, 낮에도 어둠이 내려앉는 숲길. 주변은 기이할 만큼 고요하다. 말소리조차 사라지는 순간, 그슨새는 이미 그곳에 와 있다. 그리고 그에게 붙잡힌 사람은 입을 꾹 다문 채 바닥에 주저앉는다. 그러곤 한참이 지나서야, 간신히 이렇게 말한다.

"누가… 날 목 졸랐어. 하지만 거긴… 아무도 없었어."

기억은 흐릿해지고, 몸은 이상하리만치 무거워진다. 그리고 언제부턴가 혼자 있는 순간이 견딜 수 없어진다. 제주에서는 오래전부터 그 이름을 알고 있었다. "그슨"은 낡고 묵은 것, "새"는 사악한 영혼을 뜻한다. 즉, 그슨새란 죽어서도 풀지 못한 감정, 잊히지 않는 분노, 이름조차 지워진 슬픔들이 바람을 타고 내려온 형체. 묵은 것들이 쌓이고 엉겨서, 어느 날 문득 사람의 목을 더듬는 어둠이 되는 것이다.

그슨새는 사람의 마음을 먹는다. 두려움, 외로움, 고독. 그 감정들이 깊고 짙을수록, 그는 더 강해진다. 그래서 '혼자'를 좋아한다. 그 중에서도 특히, 말을 잃은 사람을 노린다. 전해지는 말에 따르면, 그슨새는 누군가 곁에서 이름을 불러주거나, 작은 말 한마디만 건네도 순식간에 힘을 잃고 사라진다고 했다. 그래서 제주에서는 아이가 갑자기 말이 없어지면 꼭 이렇게 물었다.

"애야, 누구랑… 있었니?"

그저 전해 내려오는 말일 뿐이라고? 그렇다면, 왜 지금도 누군가는 그 이름을 부르고 있을까. 얼마 전, 조천읍 어느 해안마을. 한 노모가 대낮 밭일을 하다 혼잣말처럼 이렇게 중얼거렸다.

"이놈아… 또 왔냐."

그리고는 그대로 기절한 채 발견됐다. 깨어난 뒤, 노모는 아무 일도 없었다며 다시는 그 이야기를 꺼내지 말라 했다. 말을 마치기도 전에, 자리를 황급히 떴다. 정말, 아무 일도 없었던 걸까?

가족들은 묻지 않았다. 하지만 모두가 이상함을 느끼고 있었다. 그날따라 노모의 주저리 우장이 마치 헐거운 낡은 외투처럼 흘러내리고 있었고, 약한 바람에도 옷자락은 자꾸만 들썩였다. 누구도 입 밖에 내지 않았지만 그 순간, 모두가 알았다. 그슨새는 이야기 속 허깨비가 아니었다는 걸.

또 다른 이야기는 2024년 정월대보름 전날, 서귀포 법환동에서 있었다. 한 남성이 혼자 바닷길을 걷다, 대낮에 영상통화를 하던 중 갑자기 바닥에 털썩 주저앉은 것이다. 영상 기록엔 아무것도 찍히지 않았다. 하지만 그는 단호하게 말했다.

"누가… 뒤에서 목덜미를 확 잡았어."

그날 이후, 그는 밖에 나서지 못했다. 그리고 이상하게도, 그가 입었던 바람막이에는 지금도 손자국처럼 움푹 꺼진 자국이 남아 있다. 누군가는 그걸 보고 말했다.

"마치, 바람을 짜내듯 움켜쥔 것 같았어."

그는 여전히 밤마다 창밖을 바라보며, 누구도 없는 공간을 향해 혼잣말을 중얼거린다.

"그… 주저리 우장 입은 사람. 또 온 것 같아…"

이런 일들이 정말, 우연일까? 이상하게도 그슨새가 스쳤다는 자리마다 혼잣말을 반복하는 사람, 맨발로 숲을 걷는 사람, 그리고 눈빛이 어딘가 흐려진 이들이 나타났다. 아무도 보았다고 말하지 않았지만,

모두가 그전과 같지는 않았다. 그슨새는 말없이 다가와 등을 덮친다. 그리고 지금도, 누군가의 그림자 뒤를 조용히 따라가고 있을지도 모른다.

요즘 사람들은 말한다. 그슨새는 정신적 착시이고, 집단 공포의 한 형상일 뿐이라고. 하지만 묻고 싶다. 왜 그 요괴는 낮에만, 그리고 '혼자 있는 사람'에게만 찾아오는 걸까?

혹시 혼자 있을 때만, 마음속 어둠이 문을 열기 때문은 아닐까. 소리 내어 부를 이도, 눈을 맞춰줄 이도 없을 때 그슨새는 그 틈을 노린다. 누구도 목덜미에 닿은 그 기운을 미리 눈치채지 못한다. 오직 혼자일 때만, 조용히 따라온다. 그슨새는 늘 곁에 있다. 단지 우리가 혼자일 때만 느낄 뿐.

만약 당신이 혼자 있고 갑자기 등줄기를 타고 서늘한 기운이 흘렀다면, 혹은 어두운 주저리를 입은 것 같은 형체가 스쳐 지나간 듯한 기분이 들었다면 그 순간을 절대 흘려보내지 마라. 그슨새는 혼자 있는 마음을 노린다. 그러니 반드시 기억하라. 누군가 곁에 있어야 한다. 그리고 꼭, 말을 걸어야 한다.

"거기… 누구 있어요?"

그 한마디로, 그슨새는 더 이상 머무를 수 없다. 그슨새는 형체 없는 존재지만, 절대 피할 수 없는 존재는 아니다. 누군가 곁에 있고, 말이 오가는 그 틈 사이로 그는 들어올 수 없다. 이름 모를 혼령이라 해도, 인간 사이의 말 한마디, 스치는 눈빛 하나가 그에게는 방패가 된다.

혹시 당신 주변에 멍하니 허공을 응시한 채 아무 말도 하지 않는 사람이 있다면, 그 순간이 그슨새가 스며드는 틈일지도 모른다. 그렇다면 잠시 그에게 말을 건네라. 아주 작고 짧은 말이라도 괜찮다. 그슨 새는 어둠을 타고 오지만, 우리는 마음으로 그 틈을 막을 수 있다. 그 마음은 손전등도, 부적도 아니다. 누군가에게 건네는 말 한마디, 아주 작은 관심, 그리고 당신이라는 존재 그 자체다. 그래서 누군가는 이렇 게 말한다. 그슨새를 피하고 싶다면, 몇 가지를 반드시 기억하라고.

그슨새를 마주했을 때, 기억해야 할 것들

① 절대 혼자 다니지 말 것
 함께 있는 순간, 그슨새는 다가오지 못한다.

② 말을 걸 것
 전해진 이야기마다, 건넨 말 한마디가 그슨새의 기운을 끊어냈다고 한다. 침묵은 틈을 만들고, 말은 그 틈을 막는다.

③ 주저리를 멀리할 것
 그슨새는 낡고 젖은 비옷의 기운을 따라 내려온다. 특히 들판이나 해안처럼 바람이 센 곳에선 밝은 옷이 좋다. 낡은 주저리는 그슨새에게 길이 되어줄지 모른다.

제주 사람들은 지금도 그슨새를 조심한다. 그러니 당신도 기억하라. 그슨새는 말 없는 바람처럼 다가와 마음 가장 깊은 틈을 노린다. 하지만 누군가 먼저 말을 건네는 순간, 그 어둠은 스쳐 지나가는 바람으로 바뀐다. 그 존재를 들이는가, 흘려보내는가는 오직 당신의 선택에 달려 있다.

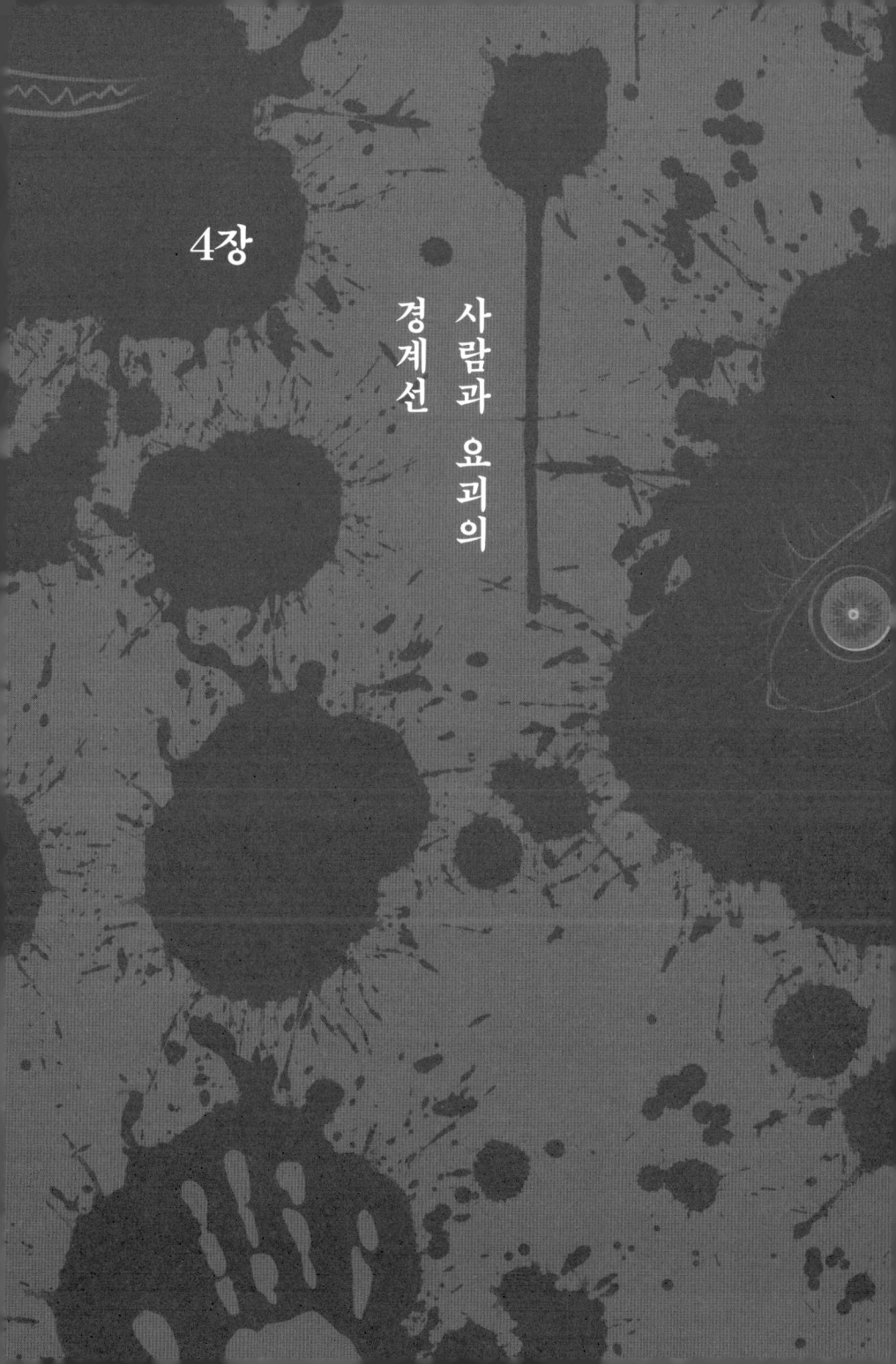

4장 사람과 요괴의 경계선

마을 어귀의 감시자, 장승도깨비

　한적한 시골 마을 걷다 보면, 길모퉁이나 마을 어귀에 우뚝 서 있는 나무 장승을 종종 마주치게 된다. 장승은 마을 입구나 갈림길에 세워진 수호신이다. 요괴나 잡귀가 마을에 발 들이지 못하도록 길목을 막아 주는 문지기 역할을 하기 때문이다. 비가 오나, 바람이 부나, 계절이 바뀌어도 장승은 묵묵히 그 자리를 지키고 서 있다. 나무로 깎은 키 큰 얼굴, 무서운 듯 우스운 눈매, 입꼬리가 올라간 것 같기도 하고 아닌 것 같기도 한 표정. 보는 사람마다 느낌이 다르지만 하나는 같다. 이건 그저 나무로 만든 장식물이 아니라는 것. 그런 장승이 고마운지, 마을 사람들은 장승 앞에 곡식이나 술을 바치며 정성껏 인사를 건넨다.

　도깨비는 또 어떤가. 뿔 달린 장난꾸러기처럼, 밤마다 불쑥 나타나 사람에게 씨름을 걸고, 느닷없이 복을 안겨주기도 한다. 착한 것도 나쁜 것도 아닌 채로 우리 곁을 맴돌며, 얄밉지만 미워할 수 없는 귀신으로 자리 잡았다. 어쩌면 우리에게 있어서 오싹하면서도 묘하게 친

근한 그러한 존재.

　겉보기엔 전혀 다른 것처럼 보이는 장승과 도깨비. 하지만 이 둘이 하나로 어우러진 듯한 존재가 있다. 사람들은 그것을 '장승도깨비'라 부른다. 장승도깨비는 수백 년, 아니 수천 년 동안 마을을 지켜온 수호신이자, 동시에 도깨비의 짓궂은 기운을 살짝 품은 존재다. 낯설게 들릴 수도 있지만, 알고 보면 꽤 매력적이고 흥미롭다. 한마디로 말하자면, "마을을 지키는 유쾌한 수호 요정" 같은 거랄까?

　마을을 지키면서도 때로는 슬쩍 장난을 치고, 밤길 걷는 이에게 조용히 다가와 길을 안내하거나, 흉흉한 기운을 감지하고는 단서를 흘려주기도 한다. 덕분에 무섭다기보다는 정겹고, 괴담보다는 민담에 더 가까운 이야기 속에 자주 등장한다.

　전라도의 어느 마을에선 장승제와 도깨비굿을 함께 지낸다. 장승 아래 도깨비의 혼도 함께 모신다는 의미다. 충청도의 산길에선 밤마다 장승 눈이 깜빡였다는 이야기가 있고, 어떤 마을에선 장승이 하루는 동쪽을, 다음 날은 서쪽을 보고 있었다는 증언도 있다. 이처럼 장승은 그저 그런 나무 기둥이 아니라, 무언가의 기척이 깃드는 장소로 여겨진다. 밤이면 도깨비의 혼이 장승에 들러붙는다고 믿는 사람들도 있다.

　혹부리영감 이야기처럼 장승이 혹을 떼주거나 복을 내려주는 이야기도 종종 들려온다. 장승도깨비는 도와주기도 하고, 잘못한 이를 혼쭐을 내기도 한다. 다만, 그 경계가 명확하진 않다. 보호와 경계, 장난과 경고가 그 안에 공존한다. 무서운 얼굴로 웃음을 안기고, 웃는 듯한 얼굴에선 때때로 등골이 서늘해진다. 누군가는 이렇게 말했다.

　"어두운 길을 걷다가 장승을 보면 괜히 마음이 든든해졌어요. 왠지나 혼자가 아닌 것 같아서."

도깨비들 사이에서는 장승도깨비를 두고 '야간근무 담당'이라 부른다는 농담도 있다. 낮엔 나무인 척, 밤엔 수호신인 척. 가끔 심심하면 누군가의 장화에 돌멩이도 슬쩍 넣어놓는다는 장난도 한다고. 그래서 마을 어귀에서 괜히 신발이 벗겨졌다는 이야기도 들린다.

지금도 몇몇 마을 어귀에는 장승이 우뚝 서 있다. 낮에는 아이들이 돌을 던지며 장난을 치고, 어르신은 고개를 숙이며 지나간다. 그런데 밤이 되면, 장승이 표정이 미묘하게 웃고 있었다고 하는 이들도 있다. 또, 어떤 이는 CCTV로 본 장승의 얼굴이 밤과 낮이 달랐었다고도 말한다. 말도 안 되는 얘기라며 넘길 수도 있겠지만, 그런 이야기가 여전히 사람들 기억에 남아 전해지고 있다는 사실만큼은 분명하다. 그래서일까, 제주처럼 도깨비 이야기가 많은 지역에서는 장승을 보고 속삭이곤 한다.

"저 안에 도깨비 하나쯤 숨어 있는 게 분명해."

오래전 이야기로만 남은 줄 알았던 장승도깨비는 지금도 길목을 지키며 누군가를 기다린다. 어둠과 안도 사이에서 흔들리는 마음, 장난과 공포, 보호받고 싶으면서도 경계를 넘어보고 싶은 욕망. 이 모든 감정이 얽힌 채, 조용히 우리 곁을 지켜보고 있는 존재다. 그 말이 진실인지 아닌지는 알 수 없지만, 장승을 지나칠 때 괜히 한 번쯤 돌아보게 된다. 언젠가 당신이 장승 앞을 지날 일이 생긴다면, 인사 한마디 건네보는 건 어떨까?

"잘 부탁드립니다."

혹시 모른다. 그 장승이 진짜로 누군가로부터 당신을 지켜주고 있을지. 아니면 장난기 많은 도깨비가 슬쩍 복 하나쯤 내려주고 간 걸지도. 아니면… 그 웃고 있던 얼굴이 문득 고개를 돌려 당신을 바라보고 있을지도 모른다.

개도 여우도 아닌, 개여시

한밤중, 거제도 학동 고개를 넘던 택시기사 A씨는 운전대를 꽉 쥔 채 말을 잃는다. 앞을 가로지른 건 중형견 크기의 개다. 그런데 이상했다. 달리던 그 짐승이 고개를 돌리는 순간, 그 얼굴은 사람 같았기 때문이다. 분명, 분명히 여자 얼굴이다. 사람들은 간혹 묻는다.

"진짜로 본 사람이 있긴 해요?"

그럼 나는 되묻는다.

"진짜로 봤다고 말할 수 있는 사람이, 꼭 살아 있어야만 믿을 수 있는 걸까?"

'개여시'는 말 그대로 개(犬)와 여우(狐)가 섞인 존재다. 몸집은 중형견 크기로, 네 발로 달리는 모습은 분명 개에 가깝다. 하지만 얼굴은 이상하다. 멀리서 보면 여우 같기도, 어떤 때는 여자 얼굴 같다는 증언이 많다. 그래서 누군가는 이렇게 회상했다.

"갸웃거리며 웃고 있는 여자 얼굴이 달린 개가 어둠 속에서 자신을 노려봤다."

 눈빛도 평범하지 않다. 야간에 마주친 개여시는 종종 푸르게 빛나는 눈을 하고 있었고, 그 눈과 마주친 순간, 이상하게도 귀에서 여우 울음과 비슷한 소리가 울렸다고 말하는 이들도 있다. 이른바 '이명(耳鳴)'처럼 느껴지는 그 울음소리는 멀리서 들으면 웃음소리 같기도 했다. 속도 또한 비정상적이다.

 "오토바이처럼 빠르게 튀어 나가는 개 같은 형체"

 일부 운전자들은 밤길에서 괴상한 걸 봤다고 증언한다. 거의 시속 80킬로미터에 가까운 속도로 도로를 가로질렀다는 것과 함께. 더 무서운 건, 그런 외형 자체보다 설명이 되지 않는 어긋남이다. 처음엔 사람 같아 보인다. 걸음걸이도 낯익고, 어딘가 친숙하다. 하지만 가까이 다가갈수록, 그녀를 마주할수록 점점 불편해진다. 얼굴은 웃고 있는데, 웃는 게 아닌 것 같고, 형체는 사람 같은데, 뭔가가 잘못 끼워진 인형처럼 조금씩 틀어져 있다.

 이 요괴는 소리를 지르지도, 겉모습으로 위협하지도 않는다. 공포는 그저 인간을 따라 하려다 어긋나 버린 흉내 그 서늘한 어긋남에서 시작된다. 주로 거제도 학동 고개, 노자산 뒷산, 구천댐 인근 도로, 그리고 '개여시바위'라 불리는 바위 주변에서 목격되었다는 전승이 이어진다.

 "우리 할머니가 그랬어. 밤길엔 여자 웃음소리 내는 개가 따라왔다고. 절대 돌아보지 말라고 했지."

 거제 학동 주민의 구술이다. 이처럼 2000년대 초반까지만 해도 간간이 관련 신고가 접수됐으며, 일부 CCTV엔 불분명한 형체가 포착되었다는 소문도 떠돌고 있다. 개여시의 외형은 한눈에 봐도 이질적이다.

개여시에 대한 정확한 유래는 공식 문헌에 남아 있지 않다. 〈삼국유사〉, 〈한국구비문학대계〉 그 어디에도 개여시는 등장하지 않는다. 다만 학동 마을 어르신들 사이에선 오래전부터 다음과 같은 말이 전해진다.

"사람 피를 먹은 개는 여우가 된다. 오래 살아버리면, 그게 여시가 돼."

말로 설명이 안 되는 이 괴이한 존재는 태어나는 것이 아니라, 만들어지는 것으로 전해진다. 사람의 피를 맛본 개가 수명을 넘겨 오래 살면, 점차 여우의 성질을 띠고 여인의 혼령을 받아들이게 된다. 그리하여 생긴 존재가 바로 개여시라는 것이다. 일부에서는 여우가 개로 둔갑한 것이라 하며, 또 어떤 이는 죽은 여인의 혼이 유기견에 들러붙은 것이라 말한다. 어느 쪽이든 간에 이 요괴의 진짜 정체는 확정되지 않았다는 사실이다. 바로 그 애매함이 개여시의 정체성을 만든다. 산 자와 죽은 자 사이, 인간과 짐승 사이, 현실과 환상의 경계에 어정쩡하게 걸쳐 있는 애매하고 어긋난 존재.

거제도가 개발되면서 개여시에 대한 전승은 점점 사라졌다. 도로는 넓어졌고, 밤길엔 가로등이 들어섰다. 사람들도 이제는 '그런 이야기'를 믿지 않는다. 그런데 이상하게도, '개여시바위'는 여전히 그 자리에 있다. 어떤 이는 그 바위 근처에서 여우 울음소리를 들었다고 했고, 또 다른 이는 "바위 틈에서 여자 얼굴이 번쩍했다"는 말을 남겼다. 무덤가를 파헤치던 그 형체, 심야에 따라붙던 발소리, 그리고 돌아보면 안 된다는 금기.

개여시는 여전히, 완전히 사라지지 않은 채 거기 있을지도 모른다.

그리고 지금은, 다른 얼굴로 도시를 걷고 있을지도 모른다. 실제로 최근 강남의 유명 클럽 '00클럽'에서 벌어진 실종 사건도 개여시와 관련이 있다는 소문이 돌고 있다. 같은 날, 서로 다른 남성 다섯 명이 같은 여성과 함께 클럽을 나선 후 실종되었고, CCTV에는 그들이 동일한 여성의 손에 이끌려 골목으로 사라지는 장면이 찍혀 있었다. 한 실종자의 친구는 이렇게 말했다.

"그 여자가 뒤돌아봤는데… 얼굴이 개였어요. 그리고 웃고 있었어요. 저는 너무 무서워서 정신을 잃었고, 깨어났을 땐 친구가 사라져있었어요."

사람들은 말한다. 개여시는 사람의 '의지'를 먹고 산다고. 판단력, 방향감각, 귀가 본능까지 흐려지게 만들고, 정신을 차렸을 땐 이미 늦어버린다는 것이다. 하지만 그녀를 완전히 피할 수 없는 건 아니다. 개여시는 '혼자 있는 사람'만을 노린다. 무리 속에선 절대 모습을 드러내지 않으며, 그녀의 아름다움은 실체가 아니라 환영이다. 낯설다고 느끼는 순간, 그 마법은 서서히 깨져간다. 그리고 만약, 당신이 외진 고갯길을 달리고 있는데 라디오가 꺼지고, 창밖 어둠 속 무언가가 스쳐 지나간다면, 그게 그냥 개였다고 쉽게 넘기지 마라.

가끔은 그런 날이 있다. 분명 혼자인데, 누군가가 당신보다 반 발 앞서 걷고 있는 것 같은 기분. 등 뒤에서 기척이 느껴지고, 발걸음이 맞춰지는 듯한 이상한 감각. 그럴 땐 거울을 보지 말 것. 당신의 눈동자에 어쩌면 그녀의 눈이 비치고 있을지도 모르니까.

남편이 뱀이라면? 구렁덩덩신선비

"그 남자는 분명 처음 본 얼굴인데, 이상하게 낯익은 느낌이었어요."

2023년, 전북 고창. 교생 실습생의 일기 속에서 발견한 구절이다. 처음 보는 얼굴. 그런데 꿈에서 본 듯 익숙한 느낌. 그 남자의 눈빛은 마치 오래전에 잃어버린 반려동물을 떠올리게 했다고 한다. 이처럼, 이상하게 낯익은 사람, 꿈에 반복해서 나타나는 얼굴 그리고 검은 구렁이. 말도 안 되는 이야기 같지만, 지금도 곳곳에서 조용히 전해진다. 그 중심에는 '구렁덩덩신선비'라는 이름이 있다.

전승에 따르면, 구렁덩덩신선비는 한국 민간 전승 중 가장 애틋함을 가지고 있는 존재라고 전해지고 있다. 이 이야기는 아주 오래전 가뭄이 들어 온 마을이 메말랐을 때 일이다. 한 양반이 셋째 딸을 정체 모를 신랑에게 시집보낸다. 신랑은 낮에는 검은 구렁이, 밤이면 사람의 모습으로 나타난다. 그는 사람이 되고 싶다며 여인에게 허물을 맡기고, 여인은 그것을 품에 안는다. 그러나 친정에 다녀온 여인은 '허물을 태우면 완전히 인간이 되는 것'이라는 말에 흔들려 허물을 불태우고 만다. 그날 이후, 신랑도 집도 모든 것이 사라졌다. 그제야 여인은 알게 된다. 허물은 짐승의 껍질이 아니라, 자신에게 마음을 열었다는 증거였다는 것을. 결국 그녀는 다시 신랑을 찾아 나서고, 허물까지 품에 안은 뒤에서야 둘은 진정한 곁에 선다. 이 이야기에서 주목할 점은 구렁이 선비가 아니라, 그의 '허물'을 받아들이고자 했던 여인의 진심이다.

구렁덩덩신선비의 모습은 대체로 물기 없는 검은 구렁이의 모습으로 나타난다. 길이는 약 3~5미터에 이르며, 놀라울 정도로 은밀하게 움직인다고 한다. 주로 낮에는 구렁이 형상으로, 밤이 되면 검은 갓과 도포를 입은 청년으로 변신한다. 유난히 말수가 적고, 눈동자엔 묘한 광택이 서려 있다. 그는 완전히 인간으로 돌아온 존재가 아니며, 그 정체는 명확히 정의되지 않는다. 그는 꿈속에 등장한다. 그것도 아무에게나 나타나는 것이 아니라, 오직 단 한 사람에게만 나타난다. 말보다는 직감과 기운으로 감정을 전달하고, 그의 등장엔 늘 향기가 따라온다. 마치 미래를 내다보는 듯한 예지력을 지녔다는 말도 있다.

"구렁이를 집안에 들이면 복이 온다."
전북 고창, 충북 보은, 경북 의성 등지에 전해지는 말이다. 2006년, 제주 구좌읍의 한 여고. 남자 교생이 교실을 나가는 장면을 여러 학생이 같은 시기에 꿈꿨다. 그런데 그 교생의 허리 아래로 검은 구렁이 꼬리가 끌리고 있었다. 일부 학생은 "꿈속에서 은비녀가 반짝였다"고 기억했다. 이 괴이한 경험은 '구렁신선 체험'이라 불렸다.
2021년 서울 성수동, 2024년 충남 공주의 한 대학 기숙사에서도 비

숱한 일이 있었다. 낯선 남자, 구렁이, 은비녀, 그리고 복수의 사람이 같은 꿈을 꾸었다는 이야기. 과연 우연일까?

이러한 사례들은 전혀 다른 지역, 다른 시기임에도 공통된 특징을 공유한다. 낯선 존재, 반복되는 꿈, 구렁이의 등장, 그리고 은비녀라는 상징이다. 은비녀는 장식품 그 이상이다. 구렁덩덩신선비가 인간과 요괴 사이의 경계에 서 있음을 암시하는 동시에, 한 사람에게 자신을 온전히 내어주려는 상징으로도 읽힌다.

구렁덩덩신선비는 요괴도, 인간도 아니다. 다만 분명한 건, 인간 곁에 머무르며 단 한 사람을 기다렸다는 사실이다. 사람들은 그의 외형을 두려워하지만, 그는 겉모습이 아닌 사람의 마음을 본다. 그와 연결되는 이는 대부분, 허물을 두려워하지 않고 기다릴 줄 아는 사람들이다. 그래서 그는 마지막 순간, 진짜 '사람'이 되어 곁에 선다.

'허물'은 우리가 감추고 싶은 치부다. 그러나 누군가를 진심으로 받아들이기 위해선, 그 허물까지 안아줘야 한다. 여령은 그의 허물을 사랑한다고 믿었지만, 실은 인간의 얼굴에 더 마음을 빼앗겼던 건 아닐까? 꿈처럼 잘생긴 청년이라면 누구라도 흔들릴 수 있었을 것이다. 어쩌면 구렁이 선비는 그것까지도 꿰뚫어 보고 있었는지도 모른다. 그래서 스스로 허물을 내어준 것이다. 언젠가 실수하더라도 다시 자신을 찾아올 수 있는 사람을 위해.

혹시 당신도 누군가의 허물을 너무 쉽게 단정하고 있지는 않은지 돌아볼 필요가 있다. 그 사람의 진짜 얼굴을 마주했을 때, 당신은 여전히 그 곁에 남아 있을 수 있을까? 그리고 만약, 어느 날 당신의 집 한 구석에 은비녀를 문 검은 구렁이가 또아리를 틀고 있는 걸 발견했다면, 그건 결코 우연이 아닐지도 모른다. 그러니 지금은 말을 걸지 말자. 당신의 침묵이 그를 완전한 인간으로 이끄는 마지막 수련일지도 모르니까.

말 안 들으면 잡아간다! 망태기 할아버지

"너 말 안 들으면 망태기 할아버지가 잡아간다!"

어릴 적, 한 번쯤 이런 말을 들어본 적 있을 것이다. 그 말 한마디면 울던 아이도 금세 울음을 멈춘다. 망태기 할아버지. 그는 넝마를 걸치고 거대한 망태기를 짊어진 노인의 모습이다. 문밖에, 옷장 속에 혹은 골목 어귀에… 어디서든 나타날 수 있다. 뛰어오지도, 소리치지도 않는다. 항상 가만히 어딘가에 서 있다. 그리고 아이들은 느낀다. '지금, 어디선가에서 나를 보고 있다'는 것을.

시골 외갓집 마루 끝에 앉아 있던 어느 날, 할머니는 이렇게 말씀하셨다.

"해가 넘어가면 문을 꼭 걸어야 한단다. 낯선 사람이 망태기를 메고 나타나면 절대 눈 마주치지 말거라."

떼쓰는 아이, 고집부리며 우는 아이에게 어른들이 건네던 무서운 한 마디다. 망태기 할아버지의 전설은 그렇게 입에서 입으로 전해져

왔다. 처음엔 아이를 그저 잠잠하게 만들기 위한 말이었지만 반복되는 순간, 어느새 그것은 '진짜'가 되어버렸다. 세대를 건너며 아이들 사이에서 두려움의 실체로 살아온 망태기 할아버지. 그의 모습은 심상치 않다. 주름진 얼굴, 험상궂은 인상, 구부정한 허리, 그리고 무엇보다도 등에 매단 커다란 망태기. 아이들은 늘 그 망태기를 두려워한다. 그 안엔 뭐가 들었고, 들어가면 어떻게 되는지, 아무도 몰랐기 때문이다. 헌데 들리는 소문에 의하면, 그 망태기엔 말 안 듣는 아이들이 들어간다고 했다. 그리고 한 번 들어가면 다시는 못 나온다고 했다. 그때는 모두가 그 말을 믿었다. 허름한 장삼, 흐릿한 눈동자, 얼굴을 반쯤 가린 갓, 아무 말 없이 골목에 서 있는 그림자. 그가 오면 개들도 짖지 않고, 사람들도 등을 돌린다. 그래서일까. 지금도 늦은 밤 골목길에서 망태기를 든 노인을 마주치면, 가슴이 철렁 내려앉는다. 마치… 아직도 들킬까 봐.

망태기 할아버지는 '훈육'이라는 이름으로 전해져 온 오래된 공포의 형상이다. 부모가 아이를 다그칠 때 자주 등장하는 이 노인은 실존하지 않는 존재다. 하지만 이상할 만큼 전국 어디서나 그의 모습은 비슷하다. 낡은 갓, 얼굴을 가린 긴 수염 그리고 사람 하나쯤은 거뜬히 들어갈 법한 거대한 망태기. 그는 때로 고물장수로 위장해 나타난다. 사람들은 "그냥 떠돌이야"라고 말하지만, 속으로는 안다. 그는 진짜 고물 장수가 아니라는 걸. 오히려 영혼을 거두러 다니는 사신(死神)에 더 가까운 존재라는 것을. 하지만 누구도 확실하게 본 사람은 없다. 망태기 할아버지는 '정체를 알 수 없기에' 더 무서운 존재가 되었는지도 모르겠다. 전북, 전남, 경상도 지역에는 실제로 '밤에 돌아다니는 수상한 노인' 이야기가 민간에 전해진다. 아이를 유괴하거나 훈육을 이유로 데려갔다는 사례도 있었고, 한밤중 망태기 짊어진 노인을 봤다는 증언은 지역 신문에도 실린 바 있었다. '망태기 귀신'이라는 말은 그저 상상의 산물이 아니다.

그가 어디서 왔는지는 아무도 정확히 알지 못한다. 그러나 오래된 이야기들을 좇다 보면, 세 개의 그림자가 겹쳐지는 자리에 닿는다. 그중 하나는 도깨비다. 하나는 도깨비다. 어떤 전승에선 망태기 할아버지를 천 년을 산 도깨비라 한다. 도깨비방망이 대신 거대한 망태기를 메고 다니며, 그 안에 무엇이든 삼켜 버린다. 끝없이 이어지는 어둠, 아이들의 상상 속엔 그 망태기가 마법의 가방처럼 느껴졌다. 괴수 도깨비가 사람을 흉내 내며 세상을 떠돈다는 이야기는 그를 더욱 공포스럽게 만들었다. 다른 하나는 고물장수다.

근대기, 마을을 돌며 고물을 수집하던 장수들은 늘 망태기를 지고 다녔다. 그 망태기는 너무 커서, 사람 하나쯤 들어가도 이상하지 않을 정도였다. 일부 고물장수가 실제로 도둑질이나 유괴를 저질렀다는 기록도 있다. 사람들은 그러한 두려움을 하나의 형상에 덧씌웠다. 그리하여 탄생한 존재가 바로 망태기 할아버지였다.

그리고 마지막 하나는 병든 자에 대한 집단적 공포다. 설화 연구자들 중 일부는 이 존재가 문둥병 환자처럼 외면당한 이들에게서 유래했을 가능성을 말한다. 얼굴을 가리고, 말을 잃은 채 마을 어귀를 떠돌던 이들. 가까이하면 안 되고, 마주치면 불길하며, 한 번 사라지면 돌아오지 않는 사람들. 그 존재는 점차 '잡아가는 자'로 변했고, 공포는 아이들을 훈육하는 이야기로 둔갑했다.

2021년, 강원도 평창의 한 마을. 실제로 망태기를 멘 노인이 아이에게 접근했다는 제보가 있었다. 경찰에 붙잡힌 그는 이렇게 말했다고 한다.

"나는 망태기 할아버지야. 말 안 듣는 애들 데리러 왔다."

장난이었을까, 연극이었을까, 아니면 오랜 설화가 현실로 새어 나온 순간이었을까. 이후의 진실은 밝혀지지 않았지만, 그 말은 사람들의 기억을 건드렸다. 그가 단지 옛날이야기 속 존재만은 아닐지도 모른다는 불편한 감정.

망태기 할아버지는 정식 명칭도, 고유의 신화도 없다. 하지만 민속 분류상 그는 분명한 자리를 가진다. 도깨비처럼 장난을 치지도 않고, 귀신처럼 피를 흘리지도 않는다. 그는 아이에게는 혼을 내는 존재였고, 어른에게는 규율과 통제의 상징이었다. 지켜야 할 약속이 깨질 때 나타나 그 약속을 데려간다. 넝마주이 도깨비, 탈놀이 속 무언의 가면귀, 유랑하는 노인들의 그림자. 그는 이 모든 것을 조금씩 닮았다. 가난과 불안, 유괴에 대한 두려움이 한데 섞여 만들어진 집단적 기억. 그 기억이 입을 얻었을 때, 망태기 할아버지가 되었다.

오늘날 사람들은 그를 더 이상 부르지 않는다. 아이들은 유튜브 괴담을 보고 자라고, '망태기'라는 단어에 웃음을 터뜨린다. 하지만 정말 그는 사라졌을까? 밤마다 복도 CCTV를 확인하는 경비원들, 학부모 단톡방에 돌고 있는 "아이 낯선 사람 주의" 메시지, 창밖에 누군가 있었다는 아이의 말. 그리고, 한 아이가 문득 이렇게 말한다.

"검은 자루를 멘 할아버지가 날 봤어. 진짜야."

그 말이 나오면, 어른들도 괜히 입을 다문다. 지금 그는 어디에 있을까. 정말 사라진 걸까. 아니면, 불리지 않을 뿐 여전히 어딘가에 서 있는 걸까. 그는 존재하지 않는다. 그러나 누구나 한 번쯤은 그를 보았다. 어둠 저편에서 조용히 지켜보던 그림자. 아직도 누군가는 그 그림자에게 숨을 죽이고 있을지 모른다. 망태기 할아버지는 그런 존재다. 잊힌 듯 남아 있는, 말없이 지켜보는 감시자. 그는 도깨비처럼 장난을 치지도 않고, 귀신처럼 피를 흘리지도 않는다. 하지만 이름의 등장만으로도 아이는 본능적으로 느낀다. 이건 진짜로 위험한 존재라고. 혹시 당신도 기억하는가. 그 할아버지를. 망태기를 짊어진 채, 어둠 너머에서 조용히 지켜보던 누군가를. 혹은 당신도 그 말 한마디에 숨죽이던 아이였던 적이 있지 않은가. 그리고 지금은 그 말로 누군가를 조용히 타이르고 있는 어른은 아닐까?

이제는 망태기 할아버지에 대해 아무도 이야기하지 않지만, 그 이름만 꺼내도 얼굴이 굳는 이들이 있다. 누구에게는 그저 옛말이지만, 어떤 아이에게는 아직도 생생한 현실이다. 실제로 몇 해 전, 초등학교 입학을 앞둔 민수라는 아이에게 그런 일이 있었다. 민수는 외할머니와 단둘이 살고 있었고, 저녁 반찬이 마음에 들지 않으면 숟가락을 내려놓았으며, 잠들기 전엔 꼭 엄마를 찾으며 훌쩍이곤 했다. 그러면 할머니는 이따금 짧고 단호한 목소리로 말을 꺼냈다.
"자꾸 그러면 망태기 할아버지가 데려갈 거야."
민수는 웃으며 대꾸하곤 했다.
"그냥 옛날이야기잖아, 할머니."
하지만 그날 밤에도 민수는 창문을 한 번 더 확인하고 잤다. 창밖 어딘가에 누군가 서 있는 건 아닐까. 괜히 마음이 쓰였다. 며칠 뒤, 민수는 유치원이 끝나고도 곧장 집으로 가지 않았다. 혼자 골목을 배회하다가, 가로등 불빛 아래 길게 늘어지는 자신의 그림자를 바라보며 자꾸 고개를 돌렸다. 그림자가 하나 더 있는 것 같기도 하고, 누군가 조용히 따라오고 있는 느낌이 자꾸 들었다. 그날따라 바람도 없는데 낙엽이 따라 붙고, 집 근처 골목은 평소보다 더 조용했다. 그리고 골목 끝, 할머니 집이 보이려는 순간, 민수는 얼어붙은 채 한참을 서 있었다. 목소리도, 발소리도 나오지 않았다. 그저 눈앞의 장면이 꿈인 것 같아 몇 번이고 눈을 깜빡일 뿐이었다. 그때, 망태기 할아버지가 아주 천천히 고개를 돌렸다. 민수의 쪽을 바라본 건 단 한 순간이었지만, 그 눈빛은 오래 남았다. 무표정한 얼굴, 마치 아무것도 느끼지 못하는 사람처럼. 민수는 뒤도 안 돌아보고 달렸다. 신발끈이 풀린 줄도 몰랐고, 집 초인종을 몇 번이나 누른 끝에야 할머니가 문을 열어줬다. 헐떡이며 집 안으로 들어간 민수는 그날 밤, 아무 말도 하지 않았다. 하지만 잠들기 전 창문을 다시 한 번 확인한 건, 여느 날과 같았다.

그 일은 누구에게도 말하지 않았다. 할머니도, 유치원 선생님도. 민수는 그저 어느 날부터 혼자 골목에 남지 않았고, 엄마가 보고 싶다고도 말하지 않았다. 마당에서 보았던 그 노인의 얼굴은 시간이 지나도 흐려지지 않았다. 누군가는 말한다. 망태기 할아버지는 단지 말을 안 듣는 아이를 겁주기 위한 허구라고. 하지만 민수는 안다. 그날 밤, 마당 앞에 서 있던 그 노인은 '이야기'가 아니었다는 걸.

망태기 할아버지에게 잡혀간 아이가 어디로 가는지는 아무도 모른다. 혼이 나고 돌아온다는 이도 있고, 영영 사라진다는 얘기도 있다. 누군가는 착한 아이로 다시 태어나 돌아온다고도 했다. 하지만 모두 말끝을 흐린다. 정확히 본 사람은 없으니까. 혹시 지금도 어딘가에서 망태기를 멘 누군가가 조용히 마당을 들여다보고 있는 건 아닐까?

망태기 할아버지는 오로지 아이들을 겁주기만을 위해 만들어진 존재가 아니다. 그 이면엔 오래도록 말해지지 않은 공포가 자리하고 있다. 그는 방심한 틈을 노리고 다가와 지켜지지 않은 약속을 데려가는 감시자다. 그리고 그가 노리는 것이 꼭 아이들만은 아닐지도 모른다. 책임을 외면하는 어른, 말보다 소리를 먼저 지르는 사람들. 그 틈을 타 그는 슬그머니 망태기를 연다. 이 글을 보고 있는 지금, 당신 창밖에도 그림자가 드리워져 있다면, 망태기 할아버지는 아직 그 망태기를 조용히 열고 있을지도 모른다.

수상한 가사 노동자, 우렁각시

집에 아무도 없던 사이, 누군가 다녀간 흔적이 있다면? 흐트러진 이불은 말끔히 개켜져 있고, 부엌에는 된장찌개 냄새가 은은히 감돈다. 욕조엔 따끈한 물까지 받아져 있다면 당신도 이렇게 생각하지 않을까?

"누가 다녀갔지?"

말없이 다녀간 그 손님, 혹시 우렁각시는 아니었을까?

깊은 산골짜기, 수풀을 헤치고 들어가면 마주하게 되는 외딴 밥집이 하나 있다. 가마솥에서 피어오르는 김, 나무 벽을 타고 흐르는 된장 냄새. 그리운 향이 바람을 따라 흐르면, 누군가는 이렇게 말한다.

"묘하게 익숙한 맛이었어요. 마치 오래전부터 기다려 온 밥상처럼요."

그 밥상엔 아주 오래된 기다림이 담겨 있다. 그리고 그 기다림은 한 전설에서부터 시작된다.

옛날 옛적, 어느 고을에 총각 하나가 살고 있었다. 서른이 넘도록 장가를 들지 못한 그는 어머니마저 여의고 혼자 밥을 지어 먹는 날이 많았다. 비록 가난했지만, 성실하고 마음 고운 사람이었다. 어느 날, 총각은 혼자 밥을 먹다가 무심코 중얼거린다.

"나는 언제쯤 각시랑 나란히 밥을 먹게 될까…"

그 말이 끝나기가 무섭게, 마당에서 여인의 목소리가 들려왔다.

"나랑 같이 먹으면 되지."

낯선 음성에 놀란 총각은 주위를 두리번거렸지만, 아무도 없었다. 그렇게 다음 날이 되고, 그는 이상한 광경을 보게 된다. 누군가 차려 놓은 따뜻한 저녁밥이 마루 위에 놓여 있었던 것이다. 그다음 날도, 또 그다음 날도. 매일 저녁이면 어김없이 따뜻한 밥상이 마루 위에 놓여 있었다. 궁금함을 참지 못하고, 하루는 대문 옆에 몸을 숨기고 정체를 알기 위해 기다렸다. 그때, 한낮이 되자 장독대 뒤에선 인기척이 들렸고, 거기서 모습을 드러낸 건 눈빛이 또렷하고 손길이 단정한 아리따운 여인이었다.

그녀가 사라지자, 총각은 곧장 그녀가 나온 장독대로 달려간다. 그 안에는 물이 가득했고, 물 위엔 우렁이 한 마리가 둥둥 떠 있을 뿐 아무것도 없었다. 헌데 그 순간, 우렁이가 여인의 모습으로 변하는 것이다.

"나는 본래 용왕의 딸입니다. 허락 없이 인간 세상에 내려왔다가 벌을 받아 우렁이의 몸이 되었죠."

총각은 말없이 그녀의 이야기를 들으며 아무 말 없이 고개를 끄덕이고, 그녀를 기꺼이 맞아들이게 된다. 얼마 지나지 않아 그는 그녀에게 청혼하고, 두 사람은 조촐한 혼례를 올렸다. 그리고 세상에서 가장 따뜻한 밥상을 함께 차리며 살아가게 된다. 하지만, 모든 사랑에는 시련이 찾아오는 법. 우렁각시의 정성스러운 손길은 결국 고을 원님의 귀에까지 들어가는데. 탐욕스러운 원님이 말했다.
"요망한 요술 부리는 우렁이를 당장 잡아오너라!"
 포졸들이 들이닥쳤고, 우렁각시는 말 한마디 남기지 못한 채 끌려가게 된다. 매일 같은 시간에 밥을 지었지만, 그 밥은 더 이상 따뜻하지 않았다. 여러 해가 흘러 병든 원님이 죽고 나서야, 우렁각시는 겨우 세상 밖으로 돌아올 수 있었지만, 그때는 이미 늦었다. 총각은 세상을 떠났고, 집터엔 그리움만이 남아 있었다. 그렇게 그녀는 무너진 마음을 안고 마당에 주저앉아 날이 새도록 말없이 울었다고 한다.

 '우렁각시'는 한국 전통 설화 속 가장 따뜻한 요괴다. 혼자 사는 총각을 도와준 정체불명의 존재로 시작했지만, 시간이 흐르며 정성, 은혜, 기다림, 그리움, 그리고 환생에 대한 상징으로 자리 잡게 되었다. 누군가를 아무 조건 없이 돕는 마음. 돌아오지 않을지도 모르는 이를 묵묵히 기다리는 마음. 그 마음이 바로, '우렁각시'라는 이름으로 살아 있는 것이다. 지금도 그 산골 밥집에서는 매일 아침밥이 지어지고 있다고 한다. 이름 모를 손님을 위해, 언젠가 돌아올지도 모를 그를 위해. 총각의 얼굴도 목소리도 모두 잊었지만, 그녀는 여전히 국을 끓이고 밥을 짓는다. 그 밥상은 사랑이 아니라 기다림으로 차려지는 것이니까.
 몇 해 전부터, 그 밥집에 단골 손님 하나가 생겼다고 한다. 매주 같은 시간, 같은 자리에 앉는 조용한 남자. 된장찌개를 한 숟갈 뜨고는 말없이 한참을 앉아 있다 돌아간다. 누군가 묻는다.
"그 밥이 그렇게 맛있으세요?"
 그는 조용히 대답한다.

"맛도 맛인데… 먹고 있으면 눈물이 납니다. 처음 먹는 건데, 너무 익숙해서요."

주방 안에서 우렁각시는 말없이 국을 한 번 더 끓인다. 혹시 이번엔, 기억이 조금 더 깊이 닿기를 바라면서.

산골짜기를 하나 넘는데, 멀리서 가마솥에 밥 짓는 연기가 피어오르고, 코끝을 간지럽히는 찌개 냄새가 바람을 타고 실려 온다면, 잠시 걸음을 멈춰보자. 어쩌면 지금도 잊지 못할 그 밥상을 차리며 누군가를 기다리는 우렁각시의 집일지도 모르니까.

산을 울리는 괴수 형제, 우와 을

 태백산에는 소문처럼 '쿵, 쿵' 하는 소리가 울려 퍼진다. 누군가는 그것을 산이 숨 쉬는 소리라 말하지만, 태백 아래 마을 사람들은 다르게 말한다.
 "그건 우랑 을이 움직이는 거야. 산이 아니고, 산 너머 그놈들이야."
 우(于)와 을(乙). 이 쌍둥이 요괴는 강원도 태백산 자락에서만 전해 내려오는 존재다. 조선 말기부터 구전된 이야기 속에서 이들은 종종 '산그늘귀' 또는 '이중령(二重靈)'이라 불리기도 했다. 그 모습은 분명하지 않다. 어떤 이는 사람 얼굴에 짐승의 이빨이 달렸다고 했고, 또 어떤 이는 그들이 그림자처럼 실체가 없었다고 말했다. 다만 공통된 것은 둘은 반드시 함께 나타난다는 점. 둘 중 하나만 마주친 이는 없었다는 것이다.

 〈태백잡록〉이라는 19세기 말 필사본 민속기록에는 다음과 같은 구절이 남아 있다.

"태백 중턱의 함백령 아래 폐촌에 이르니, 어두운 안개와 함께 두 형상이 음성도 없이 지나가더라. 다음 날, 마을에 남은 것은 으깬 담장과 하룻밤 사이 사라진 이들뿐이었다."

이들은 괴물이라는 말로는 다 설명되지 않는다. '우'는 말을 한다. 낮고 부드러운 목소리로 방심을 끌어내고, 혼자 산을 오르는 이들의 곁에 조용히 선다.

"괜찮아요, 이쪽으로 와요."

"조금만 더 가면 돼요."

정중하고 부드러운 말투, 따뜻한 눈빛, 조심스러운 몸짓. 마치 오래된 친구처럼, 잃어버린 누군가처럼 다가온다. 하지만 그 손을 잡는 순간, 그 사람은 사라진다. 또한 '우'는 외로움을 먹고 자란다. 오래전에는 젊은 여인을 자주 노렸다고 전해지지만, 지금은 그 대상이 달라졌다. 마음이 비어 있는 자, 상실을 겪은 자, 자기 이름을 부르지 못하는 자. 성별도, 나이도 상관없다. 중요한 건 그 사람의 안에 남아 있는 틈이다. 그 틈 사이로, '우'의 목소리가 파고든다.

반면에 '을'은 다르다. 말이 없다. 짐승을 맨손으로 찢어 뼈를 씹어 먹고, 나무를 뿌리째 뽑으며 다닌다. 그는 파괴와 번식의 욕망 그 자체다. 또한, 사람을 붙잡아 알을 낳게 만든다는 말도 있다. 삼칠일을 넘기면 그 배 속에서 축축하고 무거운 알이 나온다고 한다. 중요한 건 아이를 낳는 게 아니라, 알을 낳는다는 것이다. 검고 축축한 알은 백일 만에 깨지고, 그 안에서 '을'과 똑같이 생긴 존재가 튀어나온다. '을'은 암컷 없이 혼자 번식한다. 산속 어디엔가 알들이 모여 있는 둥지가 있다던 말이 전해진다.

지역 주민들은 이 쌍둥이 요괴가 처음부터 요괴였던 것은 아니라고 말한다. 태백산 천제단에 모셔진 고대 산령이었으며, 인간의 욕심이 금기를 깼을 때 분노하여 타락한 존재가 되었다고. 이들은 매 음력 칠월 백중 직전, 그러니까 7월 열다섯을 넘기기 전후로 깨어난다고 한다. 백중이 농사의 중간을 나누는 절기인 만큼, 땅의 분노가 치솟는 시기라는 것이다. 두 요괴는 쌍둥이처럼 움직이며, 서로가 빠진 세계를 완성하려 한다. '우'가 문을 열고, '을'이 그 뒤를 따른다. 태백산 일대에선 지금도 이 말이 전해진다.

"해 지기 전엔 절대 산을 넘지 말아라. 그들은 목소리부터 먼저 보낸다."

1997년 8월, 천제단 인근에서 실종된 대학생 두 명의 사건은 이 전설을 다시 끌어올렸다. CCTV에 남은 마지막 영상에는 그들이 밤중에 텐트 밖으로 나가는 장면이 포착되어 있다. 그중 한 명은 속삭이듯 말한다.

"지금… 누가 부른 것 같아."

2010년, 태백 휴게소에서 혼자 숲으로 걸어 들어간 고등학생은 아직도 돌아오지 않았다. 그는 마지막으로 친구에게 이렇게 문자를 보냈다.

"한 글자 이름이… 무슨 힘이 있는 것 같아."

다행히도 이들에게는 단 하나의 약점이 있다. 바로 '외자 이름'. 실제 전승에 의하면, '지', '수', '연'처럼 단 한 글자의 이름을 가진 자는 이들 앞에서 숨소리 없이 지나칠 수 있다고 한다. 그래서 아직까지도 태백지역 사람들은 지금도 아이의 이름을 지을 때 고민한다. 혹시 모를 상황을 위해.

태백산을 걷다가, 어디선가 누군가 "이쪽으로 와요."라고 말을 건다면, 그 자리에서 당신 이름의 첫 글자만 외쳐라.

"지원"이라면 "지!", "태윤"이라면 "태!"

그 한 글자가 우와 을을 물리칠 유일한 방법일 수도 모른다. 최근에는 그들에게 잡혀갔다가 살아 돌아온 사람도 있다. 2021년에 실종된 산악인이 3년 만에 발견되었지만, 그는 말이 없었다. 다만 병원 침대에서 간호사에게 이런 말을 남겼다고 하는데.

"그 목소리, 아직도 귀에 남아 있어요. 날 부르던 그 말투… 아내와 똑같았거든요."

그는 무언가를 잊어버린 듯한 얼굴로 매일 혼잣말을 한다. 그리고 어떤 날은 자신이 누구인지 잊지 않기 위해 거울 앞에 서서 한 글자 이름을 반복한다고 한다.

사람들은 오래전부터 말해왔다. 우와 을은 태백산의 전설이 아니라, 이승 어딘가에 여전히 떠도는 '징조'라고. 그들은 산에 머물지 않는다. 어둠이 깊은 곳이라면 어디든 슬며시 눈을 뜬다. 어느새 그림자는 들판을 지나 마을로, 그리고 누군가의 꿈속까지 스며들었다. 사람들은 말없이 고개를 돌렸고, 아이들은 이유 없이 울기 시작했다.

우와 을은 여전히 태백산을 품고 있지만, 그 발자국은 이제 어디에서든 발견될 수 있다. 아주 조용히, 아주 천천히, 우리 곁으로 다가오고 있는 것이다. 당신의 귓가에 들린 그 속삭임. 혹시 그게, 아직 이승에 머무는 무언가의 신호라면?

사람이 싫어! 대나무숲의 주인, 홍난삼녀

빽빽한 대나무 사이로 길게 이어진 산길. 가랑비가 대지를 적시던 어느 날, 마을 어귀를 지나던 이가 이상한 소리를 듣는다. '척, 척, 척.' 빗방울도, 바람도 아닌데… 대나무 잎을 스치며 빠르게 움직이는 의문의 발소리. 그리고 아주 짧은 순간, 눈앞을 스쳐 지나간 그림자 하나. 붉은 옷자락. 흐트러진 머리카락. 말소린 들리지 않았지만, 분명히 누군가의 기척이 느껴진다.

강원도 깊은 산골에는 오래전부터 전해 내려오는 이야기가 하나 있다. 비 오는 날이면 대나무 숲에서 나타나는 여인이 있다는 것. 그녀는 붉은 난삼(襴衫)을 입고 있으며, 머리를 풀어 헤친 채 말없이 숲 사이를 돌아다닌다고 한다. 사람을 보면 도망가고, 그녀가 지나는 자리에선 이슬이 아닌 물기가 남아 있다고도 한다. 사람들은 그녀를 '홍난삼녀(紅襴衫女)'라 부른다. 그 이름은 공식 기록 어디에도 뚜렷이 남아 있지 않지만, 19세기 조선 중기의 문헌인 〈용재총화〉에 단 한 줄, 그 흔적이 남아 있다.

"을해년 늦봄, 한승이 비 내리는 날 대나무숲 속에서 붉은 옷 입은 여인을 보고 놀라 물었으나, 그녀는 대답 없이 사라졌다."

이 짧은 기록은 훗날 '홍난삼녀'라는 전승의 시작점으로 여겨졌고, 사람들 사이에 기묘한 이야기로 번져 나갔다.

그로부터 오래지 않아, 이상한 이야기가 현실이 된 듯한 일이 벌어졌다. 한 스님이 폐허가 된 산마을을 지나던 중, 우물가 근처에서 묘한 기척을 느낀 것이다. 가까이 다가간 그는 어둑한 우물 안에 짐승처럼 웅크린 여인의 모습을 보게 된다. 잠시 망설이던 스님은 조심스럽게 손을 뻗으며 물었다.

"여보시오… 어찌 그 안에 있는 것이오?"

그녀는 대답하지 않았다. 말하는 법조차 몰랐기 때문이다. 스님은 그녀를 불쌍히 여겨 깊은 산속 암자로 데려가 보살폈다. 하얀 난삼을 입혀주고, 말과 글, 세상의 이치를 가르쳤다. 하지만 그녀는 달랐다. 사람의 말을 따라는 했지만, 감정을 따르지 못했다. 기쁨을 배워도 웃지 않았고, 슬픔을 배워도 울지 않았다. 그저 배운 대로만 행동했을 뿐.

그러던 어느 겨울, 스님은 눈 속 장을 보러 나갔다가 절벽 아래로 떨어져 세상을 떠나고 만다. 돌아오지 않는 스님을 기다리던 그녀는 시간이 흐르며 점점 굶주려갔다. 허기는 본능을 깨웠고, 그녀는 짐승을 사냥해 피로 배를 채우기 시작했다. 하얀 난삼은 피에 젖어 붉게 물들었다. 마침내 그녀는 스님과 걸었던 그 길을 따라 대나무숲으로 향했다. 그렇게 탄생한 존재가 바로 홍난삼녀다. 스님의 온기를 기억하며 대숲에 머물던 그녀는 누군가 말을 걸면 놀라 도망간다. 말 대신 기척으로 세상과 소통하며, 비 오는 날이면 대나무숲 어귀를 조용히 지나간다. 사람들은 그녀가 아직도 스님을 기다리고 있다고 믿는다.

그녀는 말을 걸면 도망간다. 사람의 언어를 기억하되 마음은 닫힌 채. 말 대신, 기척으로. 지금도 귀막우물 근처에선 사람 아닌 발자국이 찍히곤 한다. 누군가의 발길을 아직도 기다리는 듯.

귀막우물 근처에서는 지금도 이상한 발자국이 발견되곤 한다. 사람의 것 같지만 너무 작거나 가볍고, 방향이 일정하지 않다. 어떤 날은 대숲에서, 어떤 날은 폐암자 근처에서. 그녀가 여전히 그곳 어딘가를 맴돌고 있다는 증거처럼. 홍난삼녀는 사람을 해치지 않는다. 하지만 그녀를 본 이들은 하나같이 말한다.

"바로 옆에서 봤어요. 그런데 그림자도 없었고, 발자국도 안 남았어요. 그리고 그냥… 사라졌어요."

도시 전설처럼 퍼진 '붉은 난삼의 여인' 이야기는 어느 순간부터 정말 현실이 다가오기 시작했다. 2022년, 한 유튜버가 '홍난삼녀 전설이 있는 흉가'를 촬영하러 갔다가 영상 중단과 함께 실종되는 사건이 발생한다. 며칠 뒤, 채널은 통째로 삭제됐고 영상은 자취를 감췄다. 이후 촬영을 시도한 탐험가들도 연이어 장비 고장, 촬영 파일 손실 등의 이상 현상을 겪었다. 그중 한 명은 이렇게 말했다.

"마이크로 '기다려…' 하는 숨소리가 들렸어요. 그런데 그 자리에… 아무도 없었거든요."

강화도, 강릉, 충북 제천 등지의 대나무숲에서도 비슷한 사례들이 이어졌다. 1999년, 강릉 근교에서 아이 셋이 실종되었고, 마지막 CCTV엔 붉은 옷을 입은 여인이 대숲으로 달려가는 장면이 남아 있었다. 경찰은 영상 왜곡이라 했지만, 마을 사람들은 단호하게 말했다.

"그건… 홍난삼녀야. 비 오는 날에만 나타나."

이후 SNS와 커뮤니티를 통해 괴담은 폭발적으로 확산됐다. 비 오는 날 대나무숲을 지나다 그녀와 마주쳤다는 후기, 사람을 홀려 따라오게 만든다는 이야기, 뛰어가면 반드시 사라지는 존재라는 증언. 그럴수록 그녀는 더 신비롭고, 더 두려운 존재가 되어갔다. 하지만 모든 이야기에는 반전이 있는 법. 최근 모 지역 민속자료집에는 이런 문장이 담겨 있었다.

"홍난삼녀는 잡으러 온 이가 아니라, 잃어버린 자를 찾는 존재다. 그녀가 남긴 흔적을 따라가면, 때로는 실종된 이들이 돌아오기도 한다."

우리는 그녀를 오랫동안 요괴라 부르며 두려워했지만, 어쩌면 그녀는 누군가를 기다리는 존재였는지도 모른다. 잃어버린 이를, 잊힌 기억을, 자신을 꺼내준 그 손길을.

비 오는 날, 대나무숲을 지나게 된다면 붉은 옷자락이 스치고, 풀숲에서 발소리가 들려올지도 모른다. 그건 그냥 헛것이 아닐 수 있다. 그녀는 지금도 기다리고 있다. 돌아오지 못한 누군가가, 언젠가 다시 그 길을 지날까 봐.

고양이 얼굴을 한 뱀, 묘두사

비 오던 음력 칠월. 장단(長湍) 땅 화장사(花藏寺) 뒤편 숲은 한여름 소나기가 지나간 뒤에도 늘 안개에 잠겨 있었다. 축축한 흙냄새와 젖은 이끼 사이, 뿌연 안개 틈으로 반짝이는 두 점의 빛이 떠올랐다. 고양이의 눈이었다.

17세기 야담집 〈송도기이(松都記異)〉에서는 그 안개 속에서 고양이 얼굴이 번쩍 솟구치던 순간을 또렷이 기록하고 있다.

"번갯불처럼 솟구치던 얼굴, 흰 귀를 쫑긋 세운 새끼 고양이였어요."

그건 단순한 동물이 아니었다고 이곳 승려들은 말했다. 하지만 이건 그들의 착각에 불과했다. 두 눈은 푸르게 번뜩였고, 그 아래로 이어지는 건 미끄럽고 기다란 비늘, 빛을 머금은 뱀의 몸이었기 때문이다. 머리는 고양이, 몸은 뱀. 사람들은 이 기이한 존재를 오래전부터 '묘두사(猫頭蛇)'라 불러왔다.

"학질 귀신이다!"

누군가 외치자, 노승은 침착하게 향에 불을 붙였다. 북이 둥둥 울렸다. 그 순간, 묘두사의 입에서 푸른 연기가 피어올랐다. 학질로 앓던 승려의 얼굴 위로 연기가 내려앉았고, 기적처럼 열이 내려갔다. 이후로 사람들은 병이 들면 향을 피우고, 북을 치고, 음식을 바쳐 바위굴 앞에 섰다. 묘두사는 굴 안에서 머리만 내밀어 그것을 받아먹었고, 푸른 연기를 토하며 병을 낫게 해주었다.

그 연기는 병을 몰아내는 신령한 기운이었다. 학질, 지금의 말라리아에 시달리던 이들은 바위 아래에 모여들었다. 열이 가라앉고 기침이 멎었으며, 아이들의 얼굴에 다시 생기가 돌았다. 모든 상처가 아물고, 고질병이 사라졌다는 이야기까지 전해졌다. 바위굴 앞에 앉은 사람들은 이렇게 말했다.

"그 연기만 닿아도, 열이 내려가고 숨이 편해졌다니까요."

묘두사는 어느새 마을 사람들에게 신앙의 대상이 되었다. 사람들은 바위 앞에 향을 피우고, 조심스레 음식을 바치며 소원을 빌었으며, 그렇게 이어진 풍습은 50년 가까이 지속되었다. 하지만 모두가 그 존재를 믿은 것은 아니었다. 장단 고을의 양반 박만호는 바위 앞에 절하는 사람들을 흘겨보며 말했다.

"고작 미물이 사람 병을 고친다고? 어리석기 짝이 없네."

그는 말없이 활을 들었고, 망설임 없이 화살을 쏘았다. 화살은 곧장 묘두사의 이마를 꿰뚫었다. 묘두사는 비명 한 소리 내지 않고 조용히 쓰러졌으며, 머리 위로 피가 아니라 푸른 연기만이 피어올랐지만, 그것마저 곧 사라졌다. 이상하게도 박만호는 그날 이후 아무런 화도 입지 않았다. 오히려 벼슬길에 올라 가문은 번창하기만 했다. 하지만 사람들은 오래도록 이 상황에 대해 수군거리기 시작했다.

"묘두사는 끝내 복수하지 않았다. 단지, 잊지 않았을 뿐이야."

그리고 몇십 년이 흐른 뒤, 그의 집안에는 알 수 없는 화재와 흉사가 연이어 닥쳤다. 마지막 종손이 숨지던 밤, 누군가는 고양이 울음소리와 뱀의 그림자를 동시에 목격했다고 말했다. 사람들은 고개를 끄덕였다.

"묘두사의 저주가 돌아온 거야."

묘두사의 정체를 두고는 지금도 의견이 갈린다. 하나는 고양이와 뱀이라는 상징의 결합인 고양이는 밤과 경계의 수호자, 뱀은 해독과 재생의 상징이 묘두사를 치유의 존재로 만들었다는 해석이다. 다른 하나는 이 모든 전승이 조선 후기 민간신앙의 부산물이며 실제로는 존재하지 않았다는 시각이다. 후자의 입장에선 〈송도기이〉에 등장하는 단 한 줄 기록 외에 실체적 근거가 없다는 점을 든다. 현재까지 묘두사에 대한 과학적, 고고학적 증거는 없고, 학계는 이를 명확히 '문헌형 요괴'로 분류하고 있다.

그럼에도 이 존재를 기억한 덕분에, 묘두사는 시대를 건너 다시 모습을 드러냈다. 2020년대 이후, SNS와 유튜브 다큐멘터리, 인디게임 속에서 묘두사는 힐링 버프 요괴로 등장하고, 타투 도안과 캐릭터 굿즈로 재해석되며 새로운 생명을 얻었다. 굴 대신 도시의 환풍구를 지키고, 북 대신 스마트폰 스피커를 통해서도 숨을 분다. 형태는 달라졌지만, 사람들은 여전히 치유의 존재를 부르고 있다. 믿음은 언제나 다른 형식으로 이어지니까.

최근 들어 묘두사와 관련된 기이한 이야기들이 다시금 퍼지고 있다. 경기 북부의 폐사찰 인근에서 캠핑하던 유튜버가 푸른 연기와 고양이 울음소리를 영상에 담은 뒤 채널을 돌연 폐쇄한 일이 있었다. 또 한밤중 운전자의 블랙박스 영상에는 숲속 바위 위에서 붉게 빛나는 고양이 눈 두 개가 허공에 떠 있는 듯 찍히기도 했다. 이와 같은 목격담이 이어지자, 일부 재야 생물학자들은 이렇게 주장한다.

"묘두사는 아직 학계가 발견하지 못한 미확인 생물일 뿐입니다."

이렇듯 묘두사에 대한 제보는 계속해서 이어지고 있는데, 과연 이 모든 것이 우연일까? 묘두사는 지금도 깊은 바위틈 어딘가에서 조용히 숨을 쉬고 있을지도 모른다. 그러니 만약 당신이 묘두사를 마주하게 된다면, 반드시 기억해야 세 가지가 있다.

묘두사를 만났을 때 기억해야 할 주의 사항

① 묘두사를 해치지 말 것

생김새에 놀라 괴롭히거나 해를 입히면, 묘두사는 절대 치유되지 않을 병을 남길 수 있다. 온순해 보여도, 그 안엔 오래된 고통과 기억이 숨어 있으니 참고하자.

② 묘두사 주변의 새들을 해치지 말 것

묘두사는 둥지를 지키는 존재다. 다른 뱀들이 알을 먹는 걸 막아왔기 때문에, 새들은 그를 왕처럼 따른다. 새들이 위협을 느끼면, 묘두사도 반응하니 참고하자.

③ 아무 음식이나 주지 말 것

묘두사는 신성한 존재다. 상한 음식이나 악한 마음이 담긴 음식은 그의 몸과 혼을 병들게 한다. 묘두사는 요괴라기보다는 영적인 존재에 가까우니, 그 차이를 기억해 두자.

....

오늘도 장마가 끝난 숲은 눅눅하고, 모기는 극성을 부린다. 열이 오르고 식은땀이 맺히는 밤, 누군가는 문득 묘두사를 떠올릴지 모른다. 푸르게 피어오르는 연기, 고요히 반짝이는 눈동자. 전설은 현실보다 오래 살아남는다. 그리고 그 오래된 이야기는 지금도 누군가의 병든 밤을 감싸고 있을 수도 있다.

혹시라도 깊은 숲속 바위틈에서 푸른 연기가 피어오르는 걸 본다면, 그 자리를 조심스럽게 바라보자. 묘두사는 먼저 다가오지 않는다. 다만, 누군가의 간절한 마음이 오래 머문 자리엔 가만히 모습을 드러내곤 한다. 그 푸른 연기가 어느새 당신의 곁을 스치고, 마음 깊은 곳에 있는 상처에 닿는 순간 잊고 있던 무언가가 천천히, 다시 시작될지도.

하늘과 인간 사이 얼굴을 가진 날개, 인면조

　비 오는 날의 안개 속, 사람의 얼굴을 한 새 한 마리가 하늘을 날고 있다. 날개는 부드럽게 펴지고, 눈동자는 사람처럼 곧고 반듯한 모습이다. 무덤 깊숙이 그려진 벽화 속, 불상 뒤 향로의 조각 안, 유리잔의 문양으로 남겨진 그것은 바로 사람의 얼굴을 한 새, '인면조(人面鳥)'다. 얼굴은 인간이지만, 몸은 새. 아름답고 신비로운 동시에 다소 기괴한 이 존재는 고대부터 현대까지, 문화 속 깊숙한 곳에서 살아 숨 쉬어왔다.
　이는 2018년 평창 동계올림픽 개막식에서도 전 세계의 시선을 사로잡았다. 수묵화처럼 펼쳐진 무대 위를 날아든 그 존재는 낯설고도 묘하게 기이했다. 누군가는 "귀엽다"고 했고, 또 누군가는 "오싹하다"고 속삭였다. 그러나 그 생명체는 누군가의 상상 속에서 갑자기 만들어진 허상이 아니다. 인면조는 오래전부터, 인간과 이 세계를 함께 지켜봐 온 존재였으니까.

한국에서 인면조는 주로 고구려의 고분 벽화에서 그 모습을 찾아볼 수 있다. 안악 3호분, 덕흥리 고분, 삼실총, 무용총 등에는 양 날개를 활짝 펼친 인면조들이 벽에 남아 있다. 백제의 무령왕릉 동탁은잔, 금동대향로에서도 인면조가 정교하게 새겨져 있으며, 신라 경주 식리총에서도 유사한 문양이 출토되었다. 고대의 장인들은 왜 사람 얼굴을 새의 몸에 붙였을까?

인면조는 그저 눈길을 끌기 위한 장식만은 아니다. 알록달록한 깃털과 사람 얼굴을 한 낯선 형상 너머에, 오랜 상징과 염원이 담겨 있다. '천추'와 '만세' 이름부터가 특별하다. 천 년, 만 년을 산다고 전해지는 이 새에게 사람들은 생명의 끈이 끊어지지 않기를 바랐고, 저 너머 극락으로 영혼이 닿기를 기도했다. 인면조는 그렇게 인간과 신, 하늘과 땅의 경계를 오가는 전령같은 존재로 여겨지고 있다.

불교에서는 인면조를 '가릉빈가(迦陵頻伽)'라 불렀다. 상반신은 사람, 하반신은 새의 모습을 한 이 존재는 극락정토에서 부처의 말씀을 노래하고 전하는 존재였다. 그 울음소리는 인간이 들을 수 있는 가장 고귀한 소리라고도 했으니, 그 자체가 곧 극락의 음악이었던 셈이다.

도교와 중국 고전 속에서도 이와 닮은 형상이 등장한다. 〈산해경〉이나 〈포박자〉 같은 고서에 기록된 새는 때로는 태양과 장수를 상징하고, 때로는 재앙을 막는 수호신이 되거나, 인간과 신을 잇는 영적 중개자의 역할을 맡는다. 신기루처럼 경계에 선 존재, 그 이름은 달라도 본질은 비슷했다.

인면조 하면 흔히 우리나라에서만 전해지는 특별한 존재라고 생각하기 쉬운데, 알고 보면 비슷한 형상의 이야기는 다른 문화권에서도 오래전부터 등장해 왔다. 예를 들어, 고대 이집트에선 사람의 영혼을 '바(ba)'라고 불렀고, 그걸 새 몸에 사람 얼굴로 표현하곤 했다. 유럽 신화에 나오는 '세이렌'도 인면조와 비슷한 모습이다. 노랫소리로 뱃사람을 유혹하는 존재였으니까. 고대 그리스의 하르피이아, 이란의 신령한 새 시무르그 또한 유사한 개념을 지녔다. 사람 얼굴을 한 새는 동서양을 막론하고 신과 인간, 삶과 죽음의 경계를 넘나드는 존재로 등장해 왔다.

그렇다고 인면조가 옛이야기 속 상징에만 머무른 건 아니다. 지금도 누군가의 기억 속, 혹은 말없이 흘러가는 일상의 틈에서 불쑥 고개를 내밀곤 하니까. 예컨대 이런 이야기도 있다.

깊은 산골짜기, 나무에 둘러싸인 외딴집에서 한 남자가 병든 아내와 함께 살고 있었다. 아내의 병은 오래됐고, 좀처럼 낫지 않았다. 남자는 날마다 산을 오르내리며 약초를 찾았고, 들에서 들은 민간요법도 죄다 써봤음에도 아내의 기침은 점점 깊어지고, 눈빛은 말라만 가는 것이었다. 그러던 어느 날, 해가 뉘엿뉘엿 질 무렵에 남자는 숲속에서 어디선가 들려오는 맑은소리에 발걸음을 멈췄다. 마치 쇠잔한 종소리 같기도 하고, 먼 곳에서 부는 피리 같기도 한 그 소리. 이상하리만치 끌린 그는 무심코 나뭇가지 사이를 헤집으며 소리를 따라 걸었다. 그리고 나무 그늘이 있는 곳에서 은빛 깃털을 가진 새 한 마리와 마주쳤다. 그 새는 날개를 접은 채 조용히 앉아 있었고, 놀랍게도 사람의 얼굴을 하고 있었던 것이다. 새는 조용히 남자를 바라보더니, 부드러운 목소리로 말을 걸었다.

"내 사정이 좀 어렵소. 이 알을 잠시만 맡아주실 수 있겠소?"

남자는 순간 어리둥절한 상황에 너무 놀란 나머지 아무 대답도 하지 못했다. 하지만 인면조는 이미 알을 내려놓고 날아올라 사라졌고,

남자는 망설이다가 결국 그 알을 집으로 가져와 마루 밑에 숨기게 된다. 그날 이후, 아내의 병세는 눈에 띄게 더 나빠졌으며, 얼굴은 더 창백해졌고, 밤이면 헛소리를 중얼거리기는 모습을 보이기도 했다. 그럴수록 남자의 마음은 더 조급해졌다. 몇 날 며칠을 마루 아래를 내려다보며 혹시라도 그 새가 다시 나타나기만 바라고 또 바랐다.

그러던 며칠 뒤 늦은 밤이었다. 남자는 잠을 청하던 중, 어딘가에서 익숙한 소리가 들려오는 것이었다. 귓가를 맴도는 맑고도 낯선 울음. 그는 곧장 밖으로 나갔다. 정체는 그날 들었던 바로 그 소리였다. 인면조의 울음소리. 하늘 아래, 다시 인면조가 내려앉아 있었고, 그 순간 마루 밑 어둠 속에서 조용히 무언가가 움직이더니, 작고 어린 인면조 한 마리가 천천히 고개를 들어 올리는 모습을 마주했다. 부리도 짧고, 깃털도 흐느적거렸지만, 그 모습은 분명 '새'였다. 어미와 새끼는 잠시 마주 본 뒤, 나란히 날갯짓을 시작했다. 두 인면조는 숲 위로 천천히 날아올랐고, 별빛을 가르며 조용히 어둠 속으로 사라져갔다.

다음 날 아침에 보니, 마루 아래엔 더 이상 알은 없었지만, 대신 그곳에 큼지막한 산삼 한 뿌리가 놓여 있었다. 남자는 그것을 정성껏 달여 아내에게 먹였고, 그러자 믿기 어려운 일이 벌어졌다. 며칠 지나지 않아 아내는 기침을 멈췄고, 눈빛에 다시 생기가 돌기 시작한 것이었다. 얼굴에 웃음이 멈추지 않았고, 그토록 잃었던 식욕도 돌아왔다. 남자는 그제야 무릎을 꿇고 하늘을 향해 고개를 숙였다. 자신이 알 수 없는 존재, 하지만 분명 선한 뜻으로 다녀간 그 존재에게 말이다. 그래서 그는 그날 이후로부터 은빛 깃털과 사람 얼굴을 가진 새의 울음소리를 잊을 수가 없었다고 한다.

사람 얼굴을 한 새, 인면조. 그들은 하늘과 땅 사이, 어디에도 속하지 못한 운명을 지닌 채 살아가는 존재다. 때로는 인간의 손을 빌리고, 때로는 아무 말 없이 선물 하나를 남긴 채 사라진다. 그들이 남기는 건, 기이하다는 말만으로는 부족하다. 그건 하늘도 땅도 아닌, 그 사이 어딘가에서 전해지는 치유의 조각이니까.

  최근 몇 년 사이, 다시금 이상한 목격담이 이어지고 있다. 2023년, 서울 근교의 한 병원에서는 마치 하늘을 나는 듯한 형체가 병원 CCTV에 포착되었고, 그날 이후 한 환자의 상태가 믿기 힘들 만큼 호전되었다는 이야기가 전해졌다. 또한 강원도 깊은 산중, 폐사찰 인근을 촬영하던 드론 영상에서는 하얀 깃털이 흩날리는 순간 강한 전파 간섭이 발생했다. 관계자들은 이유를 밝히지 않은 채 데이터를 비공개 처리했고, 해당 영상은 끝내 삭제되었다고 알려졌다.

  누가 알았을까. 새의 몸에 사람의 얼굴이 붙어 있었다는 그 전설이 아직 끝나지 않았다는 걸. 전설은 사라지지 않는다. 다만, 믿음의 틈으로 모습을 바꾸어 조용히 남아 있을 뿐. 하늘을 스치는 날갯짓 너머, 어딘가에서 당신을 바라보는 낯선 얼굴 하나. 그 눈빛을 너무 쉽게 외면하지는 말자.

구슬을 삼킨 자, 구미호

긴 머리카락, 단아한 옷매무새, 그리고 붉게 빛나는 눈. 분명 여인의 형상이었지만, 더 이상 인간이라 부를 수는 없었다. 꼬리 아홉 개를 지닌 여우. 오래전부터 전해 내려온 존재, 구미호(九尾狐)다. 이 이름은 단지 전설에만 머무르지 않는다. 실제로도 〈조선왕조실록〉에는 구미호에 관한 기록이 두 차례 등장한다.

1420년, 산속에서 붉은 눈을 한 여우가 사람을 홀렸다는 사건. 1592년, 마을을 떠돌던 아름다운 여인이 실은 여우였다는 보고. 심지어 어떤 구미호는 궁궐 근처에 출몰해, 곧이어 전염병이 퍼지거나 전쟁이 일어났다는 기록도 있다. 그들은 괴물이라 불렸지만, 실상은 달랐다. 역사의 어둠 속에 살아 있었고, 인간과 맞물려 움직이는 존재였다.

가장 오래된 구미호의 흔적은 중국 고대 문헌 〈산해경(山海經)〉에 남아 있다. 남산경(南山經)에서는 사람의 간을 먹는 식인 요괴로 등장하며, 〈포박자(抱朴子)〉에 이르면 천년을 산 여우가 사람으로 변할 수 있다는 도교적 해석이 덧붙는다. 이 존재는 한반도에 전해져 〈삼국유사〉와 고려~조선의 야담 속에 정착했다.

오랫동안 사람들은 구미호를 '재앙'의 전조로 여겼지만, 모든 구미호가 나쁘기만 한 것은 아니다. 전해지는 이야기에 따르면, 구미호는 늘 인간이 되고자 했고, 간혹 사람의 간을 먹기도 하지만, 입맞춤을 통해 정기를 나누며 여우구슬에 인간의 혼을 담는 방식으로 천 년을 넘기면 인간이 될 수 있다고 믿었다. 그 슬프고도 위험한 욕망은 때로 유혹이 되었고, 때로 고독이 되었다. 그 유명한 "학동의 구슬" 이야기도 바로 이 여우구슬에서 시작된다.

학동은 작은 고을에 사는 평범한 아이였다. 매일 서당에 가기 위해 고개를 하나 넘어야 했다. 어느 날, 고개 중턱에서 낯선 여인을 마주쳤다. 긴 머리를 단정히 땋고, 고운 옷차림을 한 여인. 그녀는 누군가를 기다리는 듯 서 있었고, 학동이 지나치려 하자 조용히 말했다.
"잠깐만요."
그녀의 눈엔 알 수 없는 슬픔이 담겨 있었다. 학동은 발걸음을 멈췄고, 여인은 느닷없이 학동의 입술에 입을 맞췄다. 놀란 학동이 물러서자, 다시 다가온 그녀는 두 번째 입맞춤을 건넸다. 그 순간, 학동은 입 안에서 무언가 뜨겁고 단단한 구슬 같은 감촉을 느꼈다. 그것은 여인의 입에서 넘어온, 여우구슬이었다.

그날 이후 학동은 매일 그녀를 만났고, 입맞춤을 나눴다. 점점 야위고, 눈빛은 흐려졌으며 말수도 줄어들었다. 서당 선생은 이상함을 느꼈고, 학동에게 모든 이야기를 들은 선생은 이렇게 말했다.
"그 여인은 구미호다. 다음에 입을 맞추거든, 그 구슬을 삼켜라."
그러나 그날 이후 여인은 나타나지 않았다. 대신 마을엔 병이 퍼지기 시작했다. 아이들이 하나둘씩 쓰러졌고, 서당은 문을 닫았다. 그리고 가을 끝자락의 어느 밤, 마당 너머에서 들려오는 목소리.

"서방님, 서방님 안에 계신가요?"

학동은 떨리는 손끝으로 창호지에 작은 구멍을 뚫었다. 그곳에 예전 그대로의 여인이 서 있었다. 그녀는 조용히 방 안으로 들어와 말했다.

"내가 아흔아홉 명의 정기를 마셨으니, 이제 네가 마지막이로구나."

그리고 다시, 입맞춤이 이어졌다. 입속으로 들어온 구슬을 학동은 단숨에 삼켜버렸다. 순간, 여인은 비명을 질렀고 진짜 모습이 드러났다. 아홉 개의 꼬리를 가진 하얀 여우. 구슬을 잃은 그녀는 고통에 몸부림치며 마당을 돌다가, 끝내 숨을 거두었다. 그날 이후 병든 아이들은 회복되었고, 마을은 다시 안정을 되찾았다. 학동은 후에 지관이 되어 땅의 기운을 읽는 자가 되었고, 사람들은 말했다.

"여우의 구슬을 삼킨 자는 하늘의 이치와 땅의 흐름을 알게 된다."

구미호는 전설로 잊혔지만, 정체는 아직 숨지 못했다. 실제로 지금 이 순간에도 '그녀'를 만났다는 이야기는 계속해서 퍼지고 있다.

구미호를 만났다는 제보 기록

① 2019년 봄, 경기 파주의 한 군부대. 신병 한 명이 야간 경계 근무 중 숲속에서 이상하게 아름다운 여인을 마주쳤다고 한다. 그녀는 아무 말 없이 그를 바라봤고, 이후 신병은 이유 없이 쓰러졌다. 깨어난 그는 3일 동안의 기억을 완전히 잃은 채였다. 그날 이후로 그

가 남긴 한 마디는

"그 눈빛이… 사람 같지가 않았어요."

② 2020년 여름, 강릉 경포대 해변. 대학 MT에 참여했던 한 여학생은 "바다 위에 선 여인이 나를 불렀다"고 말했다. 친구들은 술에 취한 헛소리라 여겼지만, 이후 그녀는 이유 없이 식욕을 잃고 몸무게가 급격히 줄었다. 한 달 뒤, 그녀는 학교를 자퇴했다.

③ 2021년 겨울, 부산 사하구의 고속버스터미널. 막차를 기다리던 한 남성이 낯선 여성과 대화를 나누다 갑작스럽게 입맞춤을 하게 되었다고 한다. 그 순간 그는 정신을 잃었고, 깨어난 뒤엔 세 시간이 사라져 있었다. 휴대폰은 이상하게도 자동 촬영 기능이 꺼져 있었고, 기록은 아무것도 남아 있지 않았다.

④ 2023년 가을, 서울 홍대의 어느 클럽 거리. 한 남성이 "말이 느리지만 묘하게 매력적인 여자"와 이야기를 나누다, 갑작스레 입맞춤을 하고 기억을 잃었다고 한다. 이후 그는 이상하게 사람의 감정과 거짓말을 직감적으로 알아차리게 되었고, 그것을 '기분이 입 안에 스며드는 느낌'이라고 표현했다.

· ·

이 이야기들이 모두 진실인지, 또는 거대한 우연의 반복인지 단정할 수 없다. 그러나 그 안엔 언제나 공통점이 있다. 낯선 여인, 입맞춤, 사라진 기억. 그리고 무언가 변해버린 삶. 구미호는 여전히 살아 있으며, 여전히 우리 곁 어딘가를 맴돌고 있는지도 모른다.

폐교 근처에 설치된 낡은 CCTV에는 이상한 장면이 포착됐다. 밤 11시 47분, 운동장 반대편에서 동시에 나타난 두 존재. 한쪽에는 긴 머리에 흰 치마를 입은 여성이 천천히 걸어 나왔고, 반대편에는 네 발로 기어오는 검은 짐승이 있었다. 이상한 건, 두 존재가 마치 서로를 의식한 듯 같은 속도로 움직였다는 점이다. 그리고 몇 초 뒤, 동시에 프레임 바깥으로 사라졌다. 조작된 영상이 아니라면, 둘은 결국 하나였던 걸까?

비슷한 시기, 부산 해운대의 고층 오피스텔 복도에서도 이상한 일이 있었다. 정체를 알 수 없는 여우 울음소리가 복도에 울려 퍼졌고, 그 소리는 자동 녹음 장치에 그대로 남은 것이다. 문제는 그 층엔 아무도 살고 있지 않았다는 것. 당시 출입문 기록도, 엘리베이터 이용 기록도 전혀 없었다. 누구도 다녀간 흔적이 없는데, 울음소리는 분명히 그곳에서 시작됐다. 증거는 늘 흐릿하고 영상은 끝까지 모호했지만, 그날 그 소리를 들은 사람은 지금도 또렷하게 그 밤을 기억하고 있다.

그들은 정체를 감춘 채 밤의 틈새와 군중의 그림자 속을 스쳐 지나간다. 당신이 몰랐을 뿐, 이미 눈을 마주쳤을 수도 있다. 혹시 당신의 입 안 어딘가에 아직도 뜨거운 구슬의 감촉이 남아 있다면, 그건 정말로 있었던 일일지도 모른다. 지금도 구미호는 경계에 서서 우리를 지켜보고 있을지 모른다. 숲과 도시 사이, 낮과 밤 사이, 인간과 짐승 사이. 그 눈빛은 때로는 애절하고, 때로는 날카롭다. 그리고 어쩌면 당신은 이미 홀렸을 수도 있다.

천 년의 기다림, 이무기

한밤중, 개울 옆 논두렁에서 이상한 울음소리가 들려온다. 짐승도 아니고, 사람도 아닌, 길게 끌리는 소리. 낮은 숨결처럼 흘렀다가, 물속으로 빨려 들어가듯 사라진다. 할머니는 분명히 들었다고 한다.
"논둑 물길에서 그 울음 들리던 날, 집 뒤 우물이 거꾸로 끓었지."
이럴 때면 마을 사람들은 말한다.
"개울물이 거슬러 흐를 땐, 이무기가 운다. 아직 날지 못해서."

이무기는 '용이 되지 못한 뱀'이다. 전설에 따르면, 뱀이 오백 년을 수련하면 이무기가 되고, 이무기가 다시 오백 년을 더 수련해야 비로소 여의주를 품고 하늘로 승천할 수 있다고 한다. 합쳐서 천 년을 수행해야 하지만, 대부분 그 시간을 끝내 채우지 못한다. 이무기는 말하자면, 되려다 만 존재다. '거의 용'이면서도 아직은 짐승인 상태로 이 땅 어딘가를 맴돌고 있다.

그의 모습은 뱀처럼 길고 미끄럽지만, 보는 이로 하여금 이상한 위

압감을 느끼게 한다. 몸을 감싼 비늘은 비정상적으로 크고 반짝이며, 일부 이무기에게는 머리 위로 작고 굽은 뿔이 솟아 있다고 전해진다. 특히 눈빛은 또렷하고 낯설 만큼 깊어, 어떤 이는 이렇게 말하기도 했다.

"그 눈을 보면 평생 잊을 수가 없어."

용이 되기 위해서는 딱 세 가지 조건을 갖춰야 한다. 스스로의 힘을 다스리는 수행, 여의주를 찾아내는 집념, 그리고 누구에게도 들키지 않은 채 하늘로 오르는 승천. 이 중 하나라도 실패하면 그는 하늘이 아닌 땅의 요괴로 남게 된다. 그러나 이무기의 수련은 늘 외롭다. 날개 없이 하늘을 날고, 흐린 하늘을 가르며, 세상의 이치를 꿰뚫을 수 있을 때까지 그는 묵묵히 기다려야 하기 때문이다.

이무기의 발자취는 지도 어디에 핀 점처럼 마을과 산천 곳곳에 남아 있다. 그중 전라북도 남원 이백면에서는 오래전, 끝을 알 수 없는 가뭄 끝에 '하얀 이무기'가 모습을 드러냈다고 전해진다. 그날 이후 마을엔 단비가 내렸고, 사람들은 고개 숙여 말했다.

"용이 되기 전, 그가 다녀갔다."

충청남도 천안 병천천 근처에서는 김시민 장군이 직접 이무기를 사살했다는 이야기도 있고, 이 기록은 실제로 한 지역 신문 기사에 실리기도 했다고 한다. 제주 김녕리의 '사굴' 설화에서는, 뱀을 죽인 관리가 붉은 피가 비처럼 쏟아지는 것을 맞고 끝내 숨졌다는 이야기도 남아 있다. 그 모든 전승은 한 가지를 말한다. 이무기는 결코 흔적 없이 사라지지 않는다는 것. 요즘도 물가에서 물고기 떼죽음이 일어나거나, 정체불명의 흔적이 포착되면 어르신들이 말없이 고개를 끄덕인다.

"이무기 한 마리가… 아직 덜 떠났구먼."

가장 오래된 이무기의 흔적은 고대 문헌 〈삼국유사〉에 남아 있다. '보양이목' 설화에서 용왕의 아들이 지상의 목숨을 얻는 이야기 속, 물속에서 반쯤 드러난 거대한 비늘이 등장하는데 그것은 분명 이무기였다. 그 존재는 사람의 부탁을 들어주기도 하고, 벼락을 피하게도 해준다. 이무기가 언제나 사람을 해치는 건 아니다. 단, 여의주를 빼앗기거나, 승천을 방해받는 순간은 그 억눌렀던 분노가 터져 나온다고 했다. 그리고 그 뒷일은… 늘 좋지 않았다.

그리고 그중 가장 널리 알려진 이무기의 전설 하나가 있다. 천 년의 끝에서 인간의 손에 의해 하늘로 밀려난 이무기. 사람들은 이 이야기를 이렇게 부른다. 〈배신의 동굴〉 설화.

천 년의 끝자락, 하늘로 오르기 직전의 이무기가 강의 발원지로 목을 축이러 나왔다. 그곳에서 그는 낮고 기묘한 울음소리를 들었다. 바위를 타고 내려가던 이무기의 눈앞에 열 살도 채 안 된 사내아이 하나가 울고 있었다.

"왜 이곳에서 울고 있느냐?"

"아버지가 저를 숲에 버렸어요…"

이무기는 망설이다가 아이를 산 아래 초가집까지 데려다주었다. 그 집엔 아이를 기다리던 심마니 부부가 살고 있었다. 이후 아이는 가끔 몰래 산에 올라와 이무기를 찾았고, 이무기 또한 그 발소리를 기다리게 되었다. 세월이 흘러 아이는 풍수가가 되었고, 보름마다 막걸리를 들고 산에 올라 이무기와 안부를 나눴다. 그러나 명성이 높아질수록 그의 마음에 교만이 스며들었다. 어느 날, 그는 술김에 이렇게 말하고 만다.

"내 지혜는 요괴에게 배운 것이다. 감히 누가 나를 따르겠느냐."

그 말은 곧 관가에 전해졌고, 이무기의 비늘이 명약이라는 소문을 이미 알고 있던 원님은 명령을 내렸다.

"그 괴물을 유인하라."

풍수가는 명을 거스를 수 없었다. 그는 약을 탄 막걸리를 들고 동굴로 향했다. 아무것도 모른 채 막걸리를 마신 이무기는 깊은 잠에 빠졌고, 그 신호에 따라 병사들이 들이닥쳤다.

"너의 어리석음이 내 천 년을 무너뜨리는구나!"

창끝이 비늘을 찢었고, 동굴 안은 검붉은 피로 물들었다. 우레 같은 천둥이 하늘을 울렸고, 이무기는 고통에 몸부림쳤다. 하지만 끝내 그는 하늘로 날아올랐다. 몸은 피투성이였고, 눈엔 깊은 분노가 맺혀 있었다.

"배신의 땅엔 비가 내리지 않을 것이다."

그날 이후로 이무기는 다시는 모습을 드러내지 않았다. 풍수가는 자취를 감추었고, 동굴 입구는 돌로 막혀 사람들의 기억 속에만 남았다. 하지만 지금도 가끔, 그 동굴 근처를 지나는 사람들은 말한다.

"물이 거꾸로 흐르던 날, 다시 울음소리가 들렸대."

"천 년을 버틴 이무기라면, 그렇게 쉽게 사라지진 않았을걸."

이무기는 전설이지만, 그 이야기들은 아직 끝나지 않았다. 실제로 지금도 전국 곳곳에서는 이무기를 봤다는 제보가 이어지고 있다. 지금으로부터 2년 전, 경북 봉화의 한 스님이 수행 중 계곡에서 금빛 눈을 가진 거대한 뱀과 마주쳤다는 기록을 남긴 적이 있다. 그 뱀은 아무 소리 없이 물가에 웅크리고 있었고, 눈빛은 이상하리만치 또렷했다고 한다.

또 2001년 여름, 강원도 인제의 한 GOP 부대 근처에서도 비슷한 일이 있었다. 당시 장병들은 외곽 순찰로를 따라 이동하던 중, 폭우가 지나간 계곡을 건너다가 이상한 기척을 느꼈다. 하천 한가운데, 돌무더기 사이에 웅크린 거대한 구렁이 한 마리가 있었다. 그 비늘은 축구공만큼 단단하고 두꺼웠으며, 길이는 군인들의 다리 절반을 덮을 정도였다고 한다. 무엇보다도 인상적이었던 건, 그 생물이 고요하게 또아리를 튼 채 병사들을 바라보았다는 점이다. 검고 깊은 눈동자는 이상하리만치 사람과 닮아 있었고, 그 시선은 한참 동안 움직이지 않았다. 당시 상황을 떠올린 병사 중 한 명은 이렇게 말했다. "그 눈을 마주치는 순간, 시간까지 멈춘 것 같았어요."

병사들이 놀라 소리를 지르자, 그 생물은 천천히 몸을 풀고 계곡 상류 쪽으로 사라졌다. 그리고 그날 이후로는 다시는 모습을 드러내지 않았다고 한다. 하지만 그 일이 있은 뒤부터, 비 오는 밤이면 무언가가 계곡을 지나가는 것 같다는 소문이 부대 안에 퍼지기 시작했다.

이무기는 땅과 물, 그리고 하늘을 잇는 존재다. 그 자체로 재난이기도 하면서 구원의 상징이기도 하다. 가뭄 때 물을 부르기도 하고, 무너진 제방에서 그 모습을 드러내기도 한다. 우리는 그를 오래도록 '공포'로 기억했지만, 때로는 '포기되지 못한 존재'로 보기도 한다. 용이 되려던 의지. 그러나 하늘에 닿지 못한 실패. 이무기의 울음은 어쩌면 세상을 삼키려는 짐승의 포효가 아니라, 그저 간절한 몸부림일지도 모른다.

혹시 당신이 무심코 찍은 계곡 사진에 흐릿한 비늘무늬가 찍혀 있었다면, 비 오는 날 하수구에서 물이 거슬러 흐르는 걸 보았다면 그건 이 세상 것만은 아닐지 모른다. 이무기는 오늘도 땅속 어딘가에서 여의주를 품고 기다리고 있다. 그들은 아주 천천히, 아직도 날 준비를 하며. 그날이 오면, 울음은 곧 비상(飛上)이 될 테니까.

　그는 되지 못한 존재였다. 그리고 그 기다림은 지금도 이어지고 있다. 이무기는 더 이상 전설 속 괴물이 아니다. 우리가 스치듯 지나치는 어느 골목, 어느 물소리 속에서 그는 지금도 하늘을 바라보고 있을지도 모른다. 용이 되는 그날을 위해.

목소리를 흉내 내는 자, 장산범

어릴 적부터 수없이 들었던 그 말투. 그 억양. 분명히 익숙한 목소리다. 머뭇거리다 뒤를 돌아보지만, 역시 아무도 없다. 풀숲 사이로 스치는 건 바람뿐, 바람만이 귀를 간질일 뿐이다. 그런데, 그 소리가 다시 들려온다. 조금 더 가까이에서. 조금 더 또렷하게. 그리고 당신의 이름을 부른다. 하지만 그 소리의 주인은 당신이 아는 사람이 아니다.

어느 순간부터, 사라지는 사람들이 있다. 문을 열고 나간 뒤 돌아오지 않았고, 산에 오른 뒤 흔적도 남기지 않았다. 살아서 돌아온 사람은 거의 없었다. 유일한 생존자 한 명은 짧게 증언했다.

"그저 목소리뿐이었어요."

부산 해운대의 뒷산, 장산이다. 옛날부터 이 산에는 사람의 목소리를 흉내 내는 괴이한 존재가 산다고 전해지고 있다. 사람들은 그를 '장산범(長山凡)'이라 불렀다. 장산범의 모습은 사람마다 다르게 묘사되지만, 몇 가지 공통점이 있다. 몸은 길고 유연했으며, 전신을 덮은 흰 털은 비단처럼 부드러웠다고 한다. 그 털은 달빛을 받으면 안개처럼 퍼지며 형체를 흐릿하게 만들었다. 얼굴은 대부분 털에 가려져 있었지만, 누군가는 삽살개를 닮았다고 했고, 또 누군가는 일그러진 사람과 짐승의 얼굴이 뒤섞여 있었다고 기억했다. 입은 크고, 안쪽엔 날카로운 송곳니가 빽빽하게 박혀 있었다. 붉은 살결 아래 자리한 퍼런 눈동자에는 어떤 감정도 느껴지지 않았다. 전체적인 몸집은 호랑이를 떠올리게 했지만, 정작 눈을 마주한 순간엔 이상하게도 '사람 같다'는 기운이 느껴졌다고 한다.

그가 다가오기 전, 숲에는 삭막한 정적만이 감돌 뿐이다. 새도 울지 않고, 벌레도 숨고, 공기는 축축하게 가라앉는다. 바람조차 멎은 듯한데, 피부를 스치는 서늘한 기운은 귓가를 맴돈다. 달빛은 존재하되 밝지 않고, 하늘은 안개처럼 낮게 내려앉는다. 이에 사람들은 말한다.

"장산범은 비 오는 날을 좋아하며, 한 번 눈에 담은 사람은 끝까지 쫓아가요."

장산범은 겉모습만 보면, 위험한 기색은 없다. 어딘가 본 듯한 얼굴, 나직한 목소리, 부드러운 눈매. 그래서 사람들은 그를 향해 걸어간다. 하지만 바로 거기서부터 장산범의 공포가 시작된다. 문제는 그의 목소리다. 흉내 내는 정도가 아니다. 듣는 순간, 심장이 먼저 알아챘다. 너무 익숙해서 낯설고, 너무 자연스러워서 불안한 그 소리. 당신이 가장 사랑하던 사람의 말투, 매일 듣던 억양, 숨결 사이 리듬까지… 그는 '소리'를 베끼는 게 아니라, '기억'을 훔쳐낸다. 부모님, 연인, 친구, 심지어는 세상을 떠난 사람의 목소리까지도 그 어떤 기억 속 목소리든, 한 번 들은 것은 잊지 않고 다시 불러낸다. 그래서 사람들은 그를 '기억을 흉내 내는 짐승'이라 부른다. 그가 내는 소리는 마음 깊은 곳을 파고드는 함정이다. 가장 듣고 싶었던 목소리, 혹은 가장 듣기 두려웠던 목소리. 그 목소리를 들은 순간, 사람들은 홀린 듯 따라나서고, 그다음부터는 아무도 그들을 다시 본 적이 없다고 한다.

오래전부터 마을 어른들은 이렇게 말해왔다.
"밤에 익숙한 목소리가 들리거든, 절대 대답하지 말거라."
아이들이 사라졌고, 신발만 덩그러니 남았다. 밤에 산으로 간 이들은 다음 날 돌아오지 않았다. 장산범은 사람의 말투를 똑같이 따라 했지만, 감정까지는 흉내 내지 못했다. 그래서 그의 목소리에는 어딘가 이상한 울림이 있었다. 그 어색함을 눈치채기 전까지는 누구든 쉽게 속아 넘어가곤 했다. 몇 년 전, SNS에는 이런 글이 올라왔다.
"캠핑 중 아빠 목소리가 들려서 밖에 나갔어요. 텐트 주변엔 아무도 없었는데, 이상하게 그 발음이… 정말 우리 아빠 같았어요."
또 다른 증언은 부산 장산 근처 아파트 단지에서 나왔다. 이 지역에선 해마다 정체불명의 소리 신고가 접수된다. CCTV엔 아무것도 찍히지 않지만, 주민들은 말한다.
"늦은 밤, 초인종이 울리더니 누가 문 밖에서 '엄마'라고 부르더라고요. 그런데 아무도 없었어요."
비슷한 일은 군부대에서도 있었다. 2003년, 경남 합천의 한 산악 수색 부대. 외곽 감시를 서던 병사는 무전기에서 익숙한 목소리를 들었다.
"지금 어디 있나? 잠깐 나와봐."
중대장의 목소리였다. 병사는 응답하려다 무언가 이상함을 느꼈다. 정작 무전기에는 호출 기록도, 통신 흔적도 남아 있지 않았다. 그는 그날 새벽 쓰러진 채 발견됐고, 후송된 이후 며칠간 말을 잃었다. 간

헐적으로 중얼거린 건 단 한 문장이었다.
"장산범은 사람 흉내를 낸다…"
 몇 해 전, 장산에서 실종된 20대 여성의 사건이 있었다. 해 질 무렵, 야경을 찍겠다며 산에 올랐고, 이후 연락이 끊겼다. 친구들에게 남긴 마지막 음성 메시지는 이랬다.
"누가 내 이름 불러서… 잠깐만 보고 올게."
 그 이후, 휴대폰은 꺼졌고, 구조대는 정상 인근에서 신발과 머리끈만을 발견했다. 목격자는 없었다. 산길 입구에 있던 한 등산객이 말했다.
"해가 지기 직전이었어요. 누가 혼잣말하듯 무언가를 중얼거리더라고요. 이상했어요. 분명 사람 목소린데, 감정이 없었어요. 마치 녹음기 같았어요."

 장산범이라는 이름은 2009년쯤부터 인터넷을 통해 본격적으로 알려지기 시작했다. 하지만 그 이야기가 누군가의 창작에서 비롯된 것이라고 보기에는 수상한 점이 적지 않다. 목격담의 시기와 제보자의 연령을 보면, 이 존재에 대한 이야기는 훨씬 이전부터 전해져 내려오고 있었던 것으로 보인다. 그 형식은 도시 괴담에 가깝지만, 그 속엔 오래된 기시감이 배어 있다. 조선의 탈춤에 등장하는 사자탈은 사람 얼굴과 짐승 몸, 희고 부드러운 털을 지녔다. 이는 〈어우야담〉에 등장하는 전설 속 맹수 '산예(山猊)'에서 유래했다는 설이 있다.
"몸집은 개만 했고, 푸른 털에 금방울 같은 눈을 가졌다."
〈영조실록〉 1747년에는 이런 기록도 남아 있다.
"호랑이 앞발, 곰의 뒷발, 말의 머리, 산양의 털을 가진 괴수가 사람을 물었다."

이처럼 장산범의 정체를 설명하려는 시도는 다양하다. 고대 설화, 멸종 동물, 야생 생물 등으로도 해석되지만, 그 어떤 설명도 한 가지 본질을 피해 갈 수는 없다.

장산범은 외형보다 '소리'로 다가와 '소리'로 사람을 무너뜨리는 존재다. 그는 사람의 말을 흉내 낸다. 기억을 따라 하고, 외로움을 빌려 쓰고, 당신이 가장 듣고 싶었던 목소리로 다가온다. 어머니. 아버지. 연인. 친구. 그리운 말 한마디를 들려준 뒤, 그는 당신을 데려간다. 그러니 절대 대답하지 마라. 그 목소리는 당신이 원하던 듣고 싶었던 무언가가 아니니까.

사라졌지만, 살아 있는 존재들에 대하여

✟

우리가 기록한 것은 눈에 보이는 일부에 지나지 않는다. 세 개의 눈으로 어둠을 꿰뚫고 나쁜 기운을 감지해 쫓아낸다는 개, 삼목구. 저승길을 외롭지 않게 안내해 준다는 새하얀 전령, 저승견. 태어나지 못한 기억이 영이 되어 떠도는 태자귀. 그리고 사람의 얼굴을 가진 새 혹은 짐승의 형상을 한 인두조수까지. 이름만 남았을 뿐, 그들의 이야기는 아직 완전히 밝혀지지 않았다. 이들은 이름은 있지만 얼굴은 흐릿하고, 기억은 남았으나 기록은 늘 부족하다. 그럼에도 우리는 여전히 밤마다 문밖의 기척에 귀를 기울인다. 낮보다 밤에 더 또렷해지는 상상이 떠오르는 건, 아마도 그들이 아직 이 세상 어딘가를 맴돌고 있기 때문이지 않을까?

여기서 모든 이야기는 끝났지만, 모든 존재가 사라진 건 아니다. 들리지 않는 발소리, 보이지 않는 그림자. 그들은 오늘도 우리 곁 어딘가에서 여전히 이야기를 쓰고 있다. 당신이 그 사실을 모른 채 지날 뿐.

에필로그

 요괴들을 따라 걸은 긴 여정이 모두 끝났다. 이미 알고 있던 이름도 있었을 것이고, 생전 처음 마주한 존재들도 있었을 것이다. 하지만 익숙함과 낯섦 사이를 오가며, 우리는 그들을 단지 '무서운 존재'로만 바라보던 시선에서 조금은 멀어졌기를 바라는 마음이다.
 이름이 있고, 이야기가 있으며, 때로는 한 사람의 기억에서 태어난 존재들. 요괴를 들여다보는 일은 결국 인간을 다시 들여다보는 일이기도 하다. 물론 그들 중 몇은 여전히 섬뜩하고, 경계해야 할 존재일지도 모른다. 그러나 확실한 건, 모든 요괴가 악의로만 이루어진 것은 아니다. 이승에 남은 한, 잊힌 이름, 남겨진 감정, 말하지 못한 마음들이 모여 생겨난 이들 또한 존재하기 때문이다. 누군가는 울고, 누군가는 웃고, 또 누군가는 묵묵히 자신의 자리를 지키고 있다. 그들 중 일부는 인간과 함께 살아가며, 자기들만의 질서와 이유를 따라 살아가고 있기도 하다.

그렇게 보면, 요괴들의 세계도 우리의 삶처럼 복잡하고 다채롭고, 때로는 눈부시게 쓸쓸하다. 물론 우리는 결국 인간이다. 그러기에 요괴들의 마음을 완전히 이해할 수는 없을 것이다. 인간의 눈에는 그들의 세계가 낯설고, 기이하며, 때로는 비논리적이게 보이기 마련이다. 하지만 그 속에는 우리가 미처 헤아리지 못한 오래된 이야기와 오래된 감정의 흔적들이 깃들어 있을지 모른다. 그러니 조금 더 열린 마음으로 그들을 기억해 주면 어떨까?

《요괴는 죽지 않는다: 현대판 요괴백과》는 여기서 마무리되지만, 어쩌면 진짜 이야기는 지금부터 시작일지도 모르겠다. 당신이 걷는 골목길, 잠든 방 안의 기척, 혹은 창문을 스치는 바람 사이 어딘가에 요괴는 언제든 모습을 드러낼 수 있다. 혹은 이미 당신 곁 어딘가에서 말없이 숨을 죽이고 있을지도 모른다.

    요괴를 믿느냐 믿지 않느냐는 당신의 선택에 달려 있다. 하지만 이 책에 적힌 이야기들을 마음 어딘가에 잘 간직해 두었다가, 어느 날 익숙한 풍경 속에서 낯선 기운을 느끼게 될 때 떠올리기를 바란다. 그 순간 이 책이 작은 길잡이가 되어줄 수 있다면, 이 기록은 충분히 제 몫을 한 셈이니까.

    그리고 마지막으로 꼭 기억했으면 한다. 이 책을 다 읽었다고 해서, 요괴를 다 안다고 생각하면 안 된다. 가장 익숙한 모습으로 다가오는 것이 요괴의 가장 오래된 방식이기도 하기 때문이다. 열 길 물속은 알아도 한 길 사람 속은 모른다는 말처럼, 요괴의 마음도 그만큼 깊고,

그만큼 알 수 없다.

만약, 바람의 방향이 이상하다고 느껴진다면, 누군가의 목소리가 뜻밖의 장소에서 들려온다면, 그건 아직 이 책에 적히지 않은 그러나 반드시 쓰일 이야기의 시작일지 모른다.

이제 이 책의 마지막 장은 덮였다. 하지만 그 마지막 페이지에 어떤 이야기를 써 내려갈지는 이 책을 읽은 당신에게 달려 있다.

요괴는 죽지 않는다

초판 발행 2025년 7월 29일
지은이 오컬트 시스터즈
펴낸이 오컬트 시스터즈
주소 서울특별시 종로구 종로1길 50 더케이트윈타워 B동 위워크 2층
전화 031-581-0491
전자우편 book@happypress.co.kr
정가 18,800원   **ISBN** 979-11-94192-35-0(03810)

*'오컬트 시스터즈'는 '행복우물'출판사의 임프린트입니다